Ferdinand Ahuis

Mit der Bibel am Ohr

Ferdinand Ahuis

Mit der Bibel am Ohr

Predigten eines Hamburger Hauptpastors

Fromm Verlag

Impressum / Imprint
Bibliografische Information der Deutschen Nationalbibliothek: Die Deutsche Nationalbibliothek verzeichnet diese Publikation in der Deutschen Nationalbibliografie; detaillierte bibliografische Daten sind im Internet über http://dnb.d-nb.de abrufbar.

Bibliographic information published by the Deutsche Nationalbibliothek: The Deutsche Nationalbibliothek lists this publication in the Deutsche Nationalbibliografie; detailed bibliographic data are available in the Internet at http://dnb.d-nb.de.

Coverbild / Cover image: www.ingimage.com

Verlag / Publisher:
Fromm Verlag
ist ein Imprint der / is a trademark of
OmniScriptum GmbH & Co. KG
Heinrich-Böcking-Str. 6-8, 66121 Saarbrücken, Deutschland / Germany
Email: info@frommverlag.de

Herstellung: siehe letzte Seite /
Printed at: see last page
ISBN: 978-3-8416-0528-3

Inhaltsverzeichnis

Geboren von der Jungfrau Maria (Lk 1,26-35.38)

Predigt am 19. Dezember 2010 (4. Advent) um 10 Uhr im Hospital zum Heiligen Geist

---

Lk 1,26 Und im sechsten Monat wurde der Engel Gabriel von Gott gesandt in eine Stadt in Galiläa, die heißt Nazareth,
27 zu einer Jungfrau, die vertraut war einem Mann mit Namen Josef vom Hause David; und die Jungfrau hieß Maria.
28 Und der Engel kam zu ihr hinein und sprach: Sei gegrüßt, du Begnadete! Der Herr ist mit dir!
29 Sie aber erschrak über die Rede und dachte: Welch ein Gruß ist das?
30 Und der Engel sprach zu ihr: Fürchte dich nicht, Maria, du hast Gnade bei Gott gefunden.
31 Siehe, du wirst schwanger werden und einen Sohn gebären, und du sollst ihm den Namen Jesus geben.
32 Der wird groß sein und Sohn des Höchsten genannt werden; und Gott der Herr wird ihm den Thron seines Vaters
David geben,
33 und er wird König sein über das Haus Jakob in Ewigkeit, und sein Reich wird kein Ende haben.
34 Da sprach Maria zu dem Engel: Wie soll das zugehen, da ich doch von keinem Mann weiß?
35 Der Engel antwortete und sprach zu ihr: Der heilige Geist wird über dich kommen, und die Kraft des Höchsten wird
dich überschatten; darum wird auch das Heilige, das geboren wird, Gottes Sohn genannt werden.
38 Maria aber sprach: „Siehe, ich bin des Herrn Magd; mir geschehe, wie du gesagt hast.“ Und der Engel schied von
ihr.

Liebe Gemeinde,

1.

wir haben es gerade eben im Glaubensbekenntnis wieder gesprochen: „Geboren von der Jungfrau Maria.“ Und Martin Luther hat dieses Geheimnis in eines der bekanntesten Weihnachtslieder gefasst: „Vom Himmel hoch, da komm ich her:“ „Euch ist ein Kindlein heut geborn von einer Jungfrau auserkorn, ein Kindelein so zart und fein, das soll eur Freud und Wonne sein!“ Im Anschluss an diese Predigt werden wir singen: „Zions Hilf und Abrams Lohn, Jakobs Heil, der Jungfrau Sohn, der wohl zweigestammte Held hat sich treulich eingestellt.“ Immer wieder dieses Thema: Jungfrauengeburt.

2.

Ich kenne allerdings viele Menschen, auch viele alte Menschen, die sagen: „Geboren von der Jungfrau Maria“ – „Damit tue ich mich schwer. Das verstehe ich nicht.“ Es gibt viele Frauen unter uns, die Kindern das Leben geschenkt haben. Sie wissen, wie Kinder zustande kommen. Und die Männer unter uns wissen das auch. Es gibt auch Frauen unter uns, die keine Kinder gehabt haben, die sich vielleicht Kinder gewünscht hätten. Sie tun sich trotzdem schwer mit dem Gedanken an die Jungfrauengeburt. Und das, obwohl sich in den letzten Jahrzehnten unheimlich viel mit der Befruchtung im Reagenzglas getan hat und der Schwangerschaft, ohne dass ein Mann unmittelbar beteiligt war. Vielen sonst kinderlos gebliebenen Eltern wurde auf diese Weise der Wunsch ihres Lebens erfüllt. Aber Jungfrauengeburt? Schwangerschaft und Geburt auf übernatürliche Weise? Das ist doch etwas anderes.

3.

Schon der Evangelist Lukas versetzte sich in diese Bedenken hinein und setzte sich mit ihnen auseinander. Er legte Maria diese Bedenken in den Mund:

34 Da sprach Maria zu dem Engel: „Wie soll das zugehen, da ich doch von keinem Mann weiß?"
35 Der Engel antwortete und sprach zu ihr: „Der heilige Geist wird über dich kommen, und die Kraft des Höchsten wird dich überschatten; darum wird auch das Heilige, das geboren wird, Gottes Sohn genannt werden."

Ich finde diese Erklärung schön und wichtig. Der Heilige Geist, die Kraft Gottes ergreift Maria. Sie kommen über Maria wie ein wohltuender, belebender Schatten und gehen doch auch auf wunderbare Weise in sie ein, lassen neues, göttliches Leben in ihrem Leibe entstehen. Ich kenne aber auch nicht wenige Menschen, die bleiben schon bei diesen Bedenken hängen, wenn sie versuchen, dieses Thema auf sich selbst zu beziehen. „Der Heilige Geist, die lebendige Kraft Gottes will ausgerechnet etwas mit mir machen? Ich bin doch in geistlichen Dingen so unberührt." Ich erlebe das z.B. immer wieder, auch bei meinen Studierenden an der Universität, dass sie keine Ahnung haben von elementaren Dingen christlichen Glaubens. Ich nehme ihnen das nicht übel, sondern ich gehe mit ihnen um wie mit Gottes geliebten Kindern. Wenn ich auch manchmal schmunzeln muss über ihre Jungfräulichkeit, ihre Ahnungslosigkeit in den Grundfragen christlichen Glaubens. Wie Gott vielleicht auch über Maria geschmunzelt hat über ihre Ahnungslosigkeit, als der Erzengel Gabriel zu ihr kam.

Gott kommt zu den Ahnungslosen, zu den auch in Glaubensdingen Jungfräulichen und lässt auch sie allen Bedenken zum Trotz die Erfahrung der Maria machen: „Ich lasse den Heiligen Geist an mich heran, ich lasse ihn in mich ein und entdecke: Neues Leben entsteht in mir. Ich lasse mich begeistern. Leben Gottes entsteht in mir." Und diese Entdeckung beschränkt sich nicht auf Frauen, sondern ist ebenso Männern möglich: „Neues Leben entsteht in mir. Ich lasse mich begeistern. Das erfüllt mich."

4.

Wir können diese Erklärung des Evangelisten noch weiter vertiefen, wenn wir uns noch einmal dem Gedanken der Jungfrauengeburt stellen. Dieser Gedanke war im Blick auf Christus möglich, seit er auferstanden war und seitdem er als König, als Sohn Gottes gepriesen wurde. Der Evangelist Markus verfolgt diesen Weg sehr zielstrebig von der Taufe Jesu über seine Verklärung bis hin zum Bekenntnis des römischen Hauptmanns unter dem Kreuz: „Dieser ist wahrlich Gottes Sohn gewesen!" Jesus ist König! Jesus ist Christus! Jesus ist der Gesalbte! Er ist der Messias! Macht hoch die Tür, die Tor macht weit; es kommt der Herr der Herrlichkeit! Und hinter allem steht die liebevolle Zusage Gottes: „Du bist mein lieber Sohn; an dir habe ich Wohlgefallen."

Die Evangelisten Matthäus und Lukas verankern den Gedanken der Jungfrauengeburt nach tiefer im Leben Jesu, schon in seinen pränatalen, seinen vorgeburtlichen Staates, in den Beginn der Schwangerschaft der Maria mit Jesus.

Von der Jungfrauengeburt spricht allerdings nicht erst und nicht nur die Bibel, sondern z.B. schon für die alten Ägypter war diese Vorstellung wichtig: Wenn ein Pharao als König auf den Thron gebracht worden war, dann erklärte man ihn nachträglich als von der Jungfrau geboren. Obwohl man natürlich genau wusste, dass sie einen leiblichen Vater hatten. Auch wir können von Jesus, dem Jungfrauensohn, nicht anders sprechen als so, dass er König ist, Sohn Gottes. Die Bezeichnung „Jungfrauensohn“ ist ein Hoheitstitel, ein Ehrentitel. Sie schafft auch Abstand zu dem irdischen Vater. Sie drückt ein Wunder aus: Dieser Jesus ist wahrer Mensch und wahrer Gott zugleich. Martin Luther hat das in seinem Kleinen Katechismus so ausgedrückt: „Ich glaube, dass Jesus Christus, wahrhaftiger Gott vom Vater in Ewigkeit geboren, und auch wahrhaftiger Mensch von der Jungfrau Maria geboren, sei mein Herr.“ „Das Blümelein so kleine, das duftet uns so süß. Mit seinem hellen Scheine vertreibt's die Finsternis. Wahr' Mensch und wahrer Gott, hilft uns aus allem Leide, rettet von Sünd' und Tod.“

5.

Der Jungfrauensohn wird von Maria geboren. Sie geht schwanger mit dem Jungfrauensohn. Das heißt: Wir alle können schwanger werden mit dem Jungfrauensohn und mit ihm schwanger gehen. Und zwar ohne Unterschied, ob wir Frauen oder Männer sind. Wir alle können den Jungfrauensohn in uns heranwachsen lassen. Mir selbst ist das z.B. wichtig bei der Vorbereitung jeder Predigt. Ich brauche Zeit der Vorbereitung, Zeit, in der ich schwanger gehe mit dem Predigttext, mit den Predigthörern, mit dem, was sie bewegt, oder auch mit dem, was absolut neu für sie sein könnte. Ich brauche diese Zeit der Vorbereitung, eine Woche, vielleicht auch zwei Wochen. Und dann kann es vorkommen, dass ich morgens um fünf Uhr aufwache, und meine Frau fragt mich: „Ist es so weit?“ Schwanger gehen, zur Niederkunft kommen und dann die Geburt. Jede Predigt ist für mich eine neue Geburt.

Advent – Erwartung einer Geburt. Wie hat es Angelus Silesius, der schlesische Mystiker, gesagt? „Wär' Christus tausend Mal in Bethlehem geboren und nicht in dir, so wärest du verloren.“ Geistlich Jungfräuliche erleben eine geistliche Geburt.

Und dann: Christus zur Welt bringen. Ihn, den wahren Menschen und den wahren Gott, anderen Menschen mitteilen:

Willkommen, süßer Bräutigam,
du König aller Ehren!
Willkommen, Jesu, Gottes Lamm,
ich will dein Lob vermehren;
ich will dir all mein Leben lang
von Herzen sagen Preis und Dank,

daß du, da wir verloren,
für uns bist Mensch geboren.[1]

Für diese Entdeckung kann man nie zu alt sein. Für diese Entdeckung kann man nie zu krank oder zu gebrechlich sein. Es entsteht ein Funke der inneren Begeisterung, der sich auf andere, ja sogar auf die ganze Welt überträgt. Gottes Sohn will in uns zur Welt kommen.

Amen.

[1] Evangelisches Gesangbuch Nr. 33, Vers 2.

Christkind und Gottessohn (1. Joh 5,11-13)

Predigt am 3. Januar 2010 um 10 Uhr in der St. Marien-Kirche Hamburg-Fuhlsbüttel

---

1. Joh 5,11 Das ist das Zeugnis, daß uns Gott das ewige Leben gegeben hat, und dieses Leben ist in seinem Sohn.
12 Wer den Sohn hat, der hat das Leben; wer den Sohn Gottes nicht hat, der hat das Leben nicht.
13 Das habe ich euch geschrieben, damit ihr wißt, daß ihr das ewige Leben habt, die ihr glaubt an den Namen des Sohnes Gottes.

Liebe Gemeinde,

1.

3. Januar, 2. Sonntag nach Weihnachten – über Silvester und Neujahr hinweg Zeit zum Nachdenken darüber, was das Weihnachtsfest uns diesmal gegeben hat. Zeit, sich noch einmal Weihnachtsbriefe vorzunehmen und darin zu lesen. Zeit der Erinnerung auch an frühere Weihnachtsfeste, nicht zuletzt auch an Weihnachtsfeste in unserer Kindheit.

Ich bin aufgewachsen in der Grafschaft Bentheim, ganz im Südwesten Niedersachsens gelegen, im Süden Nordrhein-Westfalen und im Westen die Niederlande. Die Grafschaft Bentheim war von einer Kulturgrenze durchzogen: Im Norden dieser Grenze brachte der Weihnachtsmann die Gaben und im Süden das Christkind. Diese Kulturgrenze verlief sogar mitten durch unser Haus. Denn neben meinen Eltern und mir – ich bin Einzelkind – wohnte in dem Hause noch ein Bruder meines Vaters mit seiner sechsköpfigen Familie. 1942, ich war gerade eben geboren, waren sie in Osnabrück ausgebombt worden. In Osnabrück aber bescherte das Christkind. So wurde mit der Familie meines Onkels das Christkind in unser Haus importiert. In *seiner* Familie bescherte das Christkind, zu *mir* aber kam der Weihnachtsmann.

2.

Das Christkind aber war für mich eine fremde Figur. Das Dorf, in dem ich aufgewachsen bin, war seit der Reformationszeit nach einem kurzen lutherischen Intermezzo geprägt vom Calvinismus, und da man mit Bildern und erst recht mit Maria nichts im Sinn hatte und schon gar nicht mit dem Weihnachtsbaum, gab es in den calvinistisch geprägten reformierten Kirchen am Heiligen Abend keinen Gottesdienst. Den Gottesdienstbesuch am Heiligen Abend überließen wir unseren römisch-katholischen Nachbarn. Als in den 1950er Jahren infolge der Flüchtlingsströme aus dem Osten auch lutherische Kirchen gebaut wurden, gab es dort natürlich auch Heiligabend-Gottesdienste. Und als die Calvinisten, die Reformierten, in hellen Scharen am Heiligen Abend die lutherischen Gottesdienste überfüllten, sah man sich auch in den reformierten Kirchen gezwungen, Gottesdienste am Heiligen Abend einzuführen, sogar mit Weihnachtsbaum, aber bitte ohne Kerzen.

Mit dem Christkind bin ich dann in der Volksschule in Berührung gekommen. Die Weihnachtsgeschichte nach Lukas gehörte schon im ersten Schuljahr zum Lesestoff. Da das Schuljahr schon im April begann, konnten wir bis Weihnachten so weit sein. Bei der Weihnachtsfeier unserer Klasse durfte dann ich jedes Jahr dieselben Verse der Weihnachtsgeschichte aufsagen: „Es waren aber Hirten in derselben Gegend auf dem Felde bei den Hürden, die hüteten des Nachts ihre Herde. Und der Engel des Herrn trat zu ihnen, und die Klarheit des Herrn leuchtete um sie; und sie fürchteten sich sehr. Und der Engel sprach zu ihnen: ‚Fürchtet euch nicht! Siehe, ich verkündige euch große Freude, die allem Volk widerfahren wird; denn euch ist heute der Heiland geboren, welcher ist Christus, der Herr, in der Stadt Davids. Und das habt zum Zeichen: ihr werdet finden das Kind in Windeln gewickelt und in einer Krippe liegen.' Und alsbald war da bei dem Engel die Menge der himmlischen Heerscharen, die lobten Gott und sprachen: ‚Ehre sei Gott in der Höhe und Friede auf Erden bei den Menschen seines Wohlgefallens.'"

So habe ich mit der Weihnachtsgeschichte das in Bethlehem geborene Kind verinnerlicht.

3.

Aber damit stellte sich schon eine neue Frage: Wie sollte ausgerechnet dieses Kind Gabenbringer sein und dem Weihnachtsmann Konkurrenz machen? Oder handelte es sich bei dem Christkind, das die Familie meines Onkels beschenkte, um ein doch etwas herangewachsenes Kind, das in der Lage war, diese Aufgabe zu erfüllen?

Manchmal habe ich als Kind auch darüber nachgedacht, ob der Weihnachtsmann und das Christkind gleichzeitig bei unserem Haus ankämen. Aber die Gedanken daran, auch an mögliche Gespräche der Beiden miteinander, waren spätestens am 1. Weihnachtstag wie verflogen, wenn wir die Familie von Onkel und Tante im Hause aufsuchten und meine Tante mir freudestrahlend mitteilte: „Das Christkind hat Dir auch einen bunten Teller gebracht."

Christkind und Weihnachtsmann – ein ungleiches Paar, im Ergebnis für mich aber doch einigermaßen effektiv.

4.

Irgendwann schwand mit dem Glauben an den Osterhasen auch der Glaube an den Weihnachtsmann. Nichts gegen den Weihnachtsmann: Ein kirchlich etwas distanzierter Freund schickt seinem Freundeskreis jedes Jahr zu Weihnachten einen Brief mit einem neuen Weihnachtsgedicht, einziges Thema: Der Weihnachtsmann. Und das seit neun Jahren. Dieses Thema lässt diesen erwachsenen Mann nicht los, wenn es darum geht, seinen Glauben zu Weihnachten zu formulieren: Alles dreht sich um den Weihnachtsmann, um den Glauben an ihn und die Grenzen dieses Glaubens.

Bei mir lief das schon in meiner Kindheit anders: Der Glaube an das Christkind, an Christus, den Sohn Gottes, trat in den Mittelpunkt. Und da mir schon früh klar geworden war, dass nicht einfach das Kind in der Krippe, sondern der schon etwas herangewachsene Christus der Gabenbringer sei, wurde mir der Lebensweg Jesu Christi immer wichtiger.

Das Interesse verschob sich nach und nach von dem Kind in der Krippe hin zu dem Gekreuzigten und Auferstandenen. Ich nahm auf diese Weise Abschied von meiner Kindheit. Ich lernte, dass die ersten Christen sich zu dem gekreuzigten und auferstandenen Christus bekannten. So griff schon der Apostel Paulus auf dieses Bekenntnis zurück:

1. Kor 15, 3 Als erstes habe ich euch weitergegeben, was ich auch empfangen habe:
Daß Christus gestorben ist für unsre Sünden nach der Schrift;
4 und daß er begraben worden ist;
und daß er auferstanden ist am dritten Tage nach der Schrift;
5 und daß er gesehen worden ist von Kephas, d.h. Petrus, danach von den Zwölfen.

Mir wurde immer deutlicher: Er ist nicht in erster Linie der *Gabenbringer*, sondern *er hat sich gegeben* für alle, die an ihn glauben. Ich blieb nicht mehr bei mir selbst, bei meinen Wünschen und der Erfüllung oder auch Nichterfüllung meiner Wünsche, sondern ich fand mein Zuhause in einer Gemeinschaft der Glaubenden, für die Christus sich selbst gegeben und gleichzeitig einen neuen Horizont erschlossen hatte: Das Leben. Ja, indem ich ihn in mir heranwachsen ließ, wurde ich auch in meinem Glauben erwachsener und umsichtiger.

Aus dem kurzen Bekenntnis zu dem Gekreuzigten und Auferstandenen ist die Geschichte von der Passion und der Auferstehung Jesu geworden. Die Erzählung dieser Geschichte wurde zum Inbegriff des Evangeliums. So hat man die vier Evangelien nach Markus, Matthäus, Lukas und Johannes auch als Passionsgeschichten mit ausführlicher Einleitung bezeichnet. Geschichten vom Leben werden hier erzählt. Geschichten von der Überwindung von Krankheit und Tod, Geschichten von der Überwindung der Macht, die uns von Gott und den Menschen trennt, der Sünde.

5.

Ich lernte: Die Darstellung der Geschichte Jesu wurde immer weiter nach rückwärts verlängert. Diese Geschichten wurden aufgeschrieben, weil sie den Lesern etwas sagen wollten. Wie in einem Weihnachtsbrief, in dem nicht nur herzliche Grüße ausgerichtet werden, sondern Geschichten erzählt werden, die nicht nur dem Schreiber, sondern auch dem Leser etwas bedeuten.

Während der älteste Evangelist, Markus, noch keine Geburtsgeschichte kennt, hat Matthäus die Geschichte von den Weisen aus dem Morgenlande und dem Kindermord in Bethlehem an den Anfang gestellt und Lukas die Geschichten von den Hirten auf dem Felde bei Bethlehem, von der Beschneidung Jesu und seiner Darstellung im Tempel in Jerusalem und von dem zwölfjährigen Jesus, während der jüngste der vier Evangelisten, Johannes, die Geburt Jesu in *einem* Satz zusammenfasst: Das Wort ward Fleisch und wohnte unter uns.

In diesem *einen* Satz sagt Johannes, worum es geht: Um die Fleischwerdung Gottes, um die frohe Botschaft: „Gott ist Kind geworden. Gott hat sich uns in diesem Kinde geschenkt.“ Kindwerdung, Fleischwerdung, Inkarnation: „Also hat Gott die Welt geliebt, dass er seinen eingeborenen Sohn gab, auf dass alle, die an ihn glauben, nicht verloren werden, sondern das ewige Leben haben.“ „Darin ist erschienen die Liebe Gottes unter uns, dass Gott seinen Sohn in die Welt gesandt hat, dass wir durch ihn leben sollen.“ „Seht, welch eine Liebe uns der Vater erwiesen hat, dass wir Gottes Kinder heißen sollen, und wir sind es auch wirklich.“ „Gott ist Liebe, und wer in der Liebe bleibt, der bleibt in Gott und Gott in ihm.“

Alles dies Zitate aus dem Johannesevangelium und dem 1. Johannesbrief, dem Brief, in dessen Schlussteil der heutige Predigttext steht:

5,11 Und das ist das Zeugnis, daß uns Gott das ewige Leben gegeben hat, und dieses Leben ist in seinem Sohn.
12 Wer den Sohn hat, der hat das Leben; wer den Sohn Gottes nicht hat, der hat das Leben nicht.
13 Das habe ich euch geschrieben, damit ihr wißt, daß ihr das ewige Leben habt, die ihr glaubt an den Namen des Sohnes Gottes.

Christus – der Sohn Gottes – *er selbst* ist das Geschenk. Christus in der Krippe – Gottes und Marien Sohn – der lebendige Sohn Gottes. Christus am Kreuz – der lebendige Sohn Gottes. Christus, der Auferstandene – der lebendige Sohn Gottes.

Wir blättern an den Anfang des ersten Johannesbriefs zurück: „Das Leben ist erschienen, und wir haben gesehen und bezeugen und verkündigen euch das Leben, das ewig ist, das beim Vater war und uns erschienen ist.“ Das ist das große Geschenk, das bleibt über Weihnachten hinaus: Christus, das Leben. Damit wir leben, eigentlich leben mitten in allem, was uns das Leben schwer macht. Mitten in allem aber auch, was uns nicht mehr die Tiefe des Lebens erfahren lässt. Mitten in allem, was uns ums Leben kommen lassen will. Mitten in allen Brüchen des Lebens und Abbrüchen von Beziehungen. Ewiges Leben sogar. Leben, das einen Zusammenhang herstellt zwischen den Generationen, zwischen Einzelnen und der Gemeinschaft, zwischen einem Kalenderjahr und dem nächsten, zwischen dem Leben vor dem Tode und dem Leben nach dem Tode. Leben, das den Abstand überbrückt zwischen Himmel und Erde, zwischen Gott und Mensch. Zwischen uns und der ganzen bedrohten Welt.

Es ist so, als wenn der Verfasser des 1. Johannesbriefs ringe um das rechte Verständnis, die rechte Umsetzung der Botschaft des Johannesevangeliums in das praktische Leben hinein. Er ringt darum, dass die Leser und Hörer seines Briefes nicht nur um sich selbst kreisen, sondern an ihre Nächsten denken. Dass sie in ihren Nächsten Brüder und Schwestern entdecken. Dann nämlich können wir entdecken: Wir sind Kinder Gottes. Dann können wir den Weg abschreiten vom Kindsein zum Erwachsenwerden und zum Altwerden bis an den Punkt der Erkenntnis: Es ist der Weg des Lebens. Jesus Christus hat sich selbst als diesen Weg des Lebens bezeichnet: „Ich bin der Weg und die Wahrheit und das Leben. Niemand kommt zum Vater denn durch mich.“ Weg ewigen Lebens. Amen.

Der Herr in Knechtsgestalt – mehr als nur Vorbild (Phil 2,5-11)

Predigt am 28. März 2010 um 10 Uhr in St. Marien, Hamburg-Fuhlsbüttel

---

Phil 2,5 Denn ihr sollt so gesinnt sein, wie Jesus Christus auch war:
6 der, als er in göttlicher Gestalt war, es nicht wie einen Raub festhielt, Gott gleich zu sein,
7 sondern sich selbst entäußerte und Knechtsgestalt annahm, den Menschen gleich und dem Äußeren nach als ein Mensch erkannt wurde;
8 er erniedrigte sich selbst und wurde gehorsam bis zum Tod, ja zum Tod am Kreuz.
9 Darum hat Gott ihn auch hoch erhöht und hat ihm einen Namen gegeben, der über allen Namen ist, 10 damit im Namen Jesu sich jedes Knie beuge, von allen, die im Himmel und auf Erden und unter der Erde sind,
11 und jede Zunge bekenne, dass Jesus Christus der Herr ist, zur Ehre Gottes, des Vaters.

Liebe Gemeinde,

1.

wenn wir im ersten Teil dieses Gottesdienstes zwei Adventslieder gesungen haben, so hängt das nicht damit zusammen, dass die Planer dieses Gottesdienstes immer noch nicht von dem außergewöhnlich langen und harten Winter Abschied nehmen konnten oder die Wetterberichte für die nächsten Tage allzu intensiv verfolgt haben. Nein, mit dem heutigen Tage hat die Sommerzeit begonnen; die Nacht war eine Stunde kürzer, und heute Abend wird uns dafür die Sonne eine Stunde später untergehen. Aber heute ist auch Palmsonntag, dieser Sonntag eine Woche vor Ostern, ein merkwürdiger Kontrasttag zu Karfreitag: Wird Jesus am Karfreitag vor den Toren Jerusalems gekreuzigt, so zieht er am Palmsonntag in Jerusalem ein. Wird seine Kreuzigung von dem Chor der todbringenden Stimmungsmacher begleitet: „Kreuzige, kreuzige ihn," so der Einzug in Jerusalem von dem „Hosianna, dem Sohne Davids, gelobt sei, der da kommt im Namen des Herrn!". Und Hosianna, das ist nicht nur ein Jubelschrei, sondern auch ein Hilferuf: „Hilf doch!" Es ist so, als wenn am Palmsonntag die Spannung zwischen Karfreitag und Ostern aufgehoben wäre – und die Spannung zwischen Weihnachten und Ostern, ja, der Predigttext für heute, den wir schon als Epistel-Lesung gehört haben, ist Orientierung für den Text eines Weihnachtsliedes geworden:

Er äußert sich all seiner Gewalt,
wird niedrig und gering
und nimmt an sich ein's Knechts Gestalt,
der Schöpfer aller Ding.

Und wir könnten fortfahren: Eines der bekanntesten Adventslieder aus dem Judas Makkabaeus von Georg Friedrich Händel:

Tochter Zion, freue dich,
jauchze laut, Jerusalem!

Sieh, dein König kommt zu dir,
ja, er kommt, der Friedefürst!
Tochter Zion, freue dich,
jauchze laut Jerusalem!

- Lied für die Adventszeit und für den Palmsonntag zugleich. Denn darum geht es doch, dass wir Christus bei uns Einzug halten lassen, dass wir ihn in unsere Seele einziehen lassen, dass wir ihn in uns Mensch werden lassen und Gott sein lassen zugleich. Dass wir darin eine Adventsstimmung in uns aufkommen lassen, eine Vorfreude auf das Kommen Jesu zu uns, eine Freude über sein Kommen zu uns. Und das ist eine Gegenbewegung zu dem Schmerz darüber, dass er geht.

Ich lese uns daher den Predigttext noch einmal in einer eigenen, an der Auslegung von Professor Ernst Käsemann aus dem Jahre 1950 orientierten Übersetzung:

Seid auf das aus, was auch dem Einflussbereich Christi gemäß ist.

Er, der in göttlicher Gestalt war,
nutzte es nicht für sich selber aus, Gott gleich zu sein,
sondern entäußerte sich selbst und nahm Knechtsgestalt an, ward den Menschen gleich und der Erscheinung nach als Mensch erkannt.
Er erniedrigte sich selbst und wurde gehorsam bis zum Tode, ja zum Tode am Kreuz.

Darum hat ihn auch Gott erhöht und hat ihm einen Namen gegeben, der über alle Namen ist,
dass in dem Namen Jesu sich beugen sollen allen derer Knie, die im Himmel und auf Erden und unter der Erde sind,
und alle Zungen bekennen sollen, dass Jesus Christus der Herr ist, zur Ehre Gottes, des Vaters.

2.

Diese Übersetzung ist zugegebenermaßen spröder als die bekannte Übersetzung Martin Luthers. Ja, wer bei der Verlesung der Epistel genau hingehört hat, der wird auch da schon eine leichte Veränderung wahrgenommen haben: Hieß es früher: „Ein jeder unter euch sei gesinnt, wie Christus auch war," so jetzt: „Seid so unter euch gesinnt, wie es auch der Gemeinschaft in Christus Jesus entspricht," und in der Übersetzung nach Professor Käsemann: „Seid auf das aus, was auch dem Einflussbereich Christi gemäß ist." Schade eigentlich, dass Luthers so eingängige Anleitung zu einem christlichen Leben so verfremdet wird; schade, dass unsere Gedanken in eine andere Richtung gelenkt werden, wo es doch die Spatzen vom Dach pfeifen, dass ethische Orientierung, Neuorientierung des Verhaltens das Gebot der Stunde nicht nur für die römisch-katholische, sondern auch für die evangelische Kirche, ja, für unsere weltweite Gesellschaft überhaupt ist.

Christus als Vorbild, „Jesu geh voran auf der Lebensbahn, und wir wollen nicht verweilen, dir getreulich nachzueilen; führ uns an der Hand bis ins Vaterland!"

Für Generationen von Christen, gerade auch evangelischer Christen, ist diese Nachfolge Jesu Modell gewesen für einen neuen christlichen Humanismus. Nicht zuletzt Dietrich Bonhoeffer hat dem ersten Entwurf seiner Ethik, der Lehre vom christlichen Verhalten, den Titel gegeben: „Nachfolge.“ Wir wissen, welchen Weg Bonhoeffer konsequent gegangen ist.

3.

Ein anderer auch für Hamburg bedeutender evangelischer Theologe hat hier seine Fragezeichen gesetzt: Johannes Bugenhagen. Der gebürtige Pommer und spätere Organisator der Reformation in Hamburg, der Gründer der Gelehrtenschule des Johanneum, war schon mit 19 Jahren Schulleiter geworden, in Treptow an der Rega in Pommern. Als er 32 Jahre alt war, vertraute man ihm zusätzlich die Aufgabe eines Lektors für Bibel am Kloster Belbuck an. Er hielt eine Vorlesung über das Matthäus-Evangelium. Zunächst tat er das in rein humanistischem Sinn: Christus als Vorbild für menschliches Verhalten. Wenn es auch nicht immer ganz leicht war: Auf weite Strecken konnte er das Matthäus-Evangelium so auslegen. Bergpredigt: Jesus als Vorbild, als Lehrer für das Verhalten seiner Hörer. Bugenhagen behielt diesen Ansatz bei, bis er zu den Geschichten von der Passion, dem Leiden Jesu Christi und seiner Auferstehung gelangte. Er merkte: Hier ist Jesus nicht mehr mein Lehrer für sittliches Verhalten, auch nicht nur mein Vorbild, sondern mein Retter. Glücklicherweise bekam er genau zu diesem Zeitpunkt zwei Schriften Martin Luthers in die Hand: „Von der Freiheit eines Christenmenschen“ und „Von der babylonischen Gefangenschaft der Kirche.“ Trotz anfänglicher Widerstände wirkten diese Schriften auf Bugenhagen befreiend. Besonders stark waren die Widerstände gegenüber der Schrift „Von der babylonischen Gefangenschaft der Kirche“. Denn in ihr forderte Luther die Reduktion der Zahl der Sakramente von sieben auf diejenigen, die Jesus eingesetzt hatte. Das waren Taufe, Abendmahl und Beichte. Und er forderte auch, dass ein irdisches Element dabei war: Das Wasser, das Brot und der Kelch oder das, was dem Gewächs des Weinstocks entsprang, Wein oder Traubensaft. Damit war die Priesterweihe erledigt und damit auch der Zölibat. Bugenhagen und seine Frau Walpurga wurden schon 1522 von Luther in Wittenberg getraut; er selbst, 1523 Stadtpfarrer von Wittenberg geworden, traute 1525 Katharina von Bora und Martin Luther.

Befreiung der Kirche von sich selbst. Freiheit eines Christenmenschen: „Ein Christenmensch ist ein freier Herr über alle Dinge und niemand untertan. Ein Christenmensch ist ein dienstbarer Knecht aller Dinge und jedermann untertan," so Luther. Existenz in der Dialektik. Erfahrung einer unheimlichen Befreiung und gleichzeitig Bereitschaft zu unbedingter Hingabe.

Thema von Palmsonntag. Thema im Blick auf Karfreitag und Ostern. Weiterführung des Themas von Weihnachten: „Er wird ein Knecht und ich ein Herr, das mag ein Wechsel sein.“ Aber auch: „Ich glaube, dass Jesus Christus, wahrhaftiger Gott vom Vater in Ewigkeit geboren und auch wahrhaftiger Mensch von der Jungfrau Maria geboren, sei mein Herr.“

4.

Vorige Woche schenkte mir eine gute Bekannte ein Foto: Jesus, auf einem Esel sitzend, und der Esel – aus Holz auf einem Podest mit Rädern montiert. Im Bucerius Kunstforum war dieser Christus auf dem Esel zu sehen gewesen. Er wurde früher bei Palmsonntagsprozessionen durch die Stadt gezogen. Es sollte deutlich werden: Dieser Jesus will in dieser Stadt ankommen. Er will bei den Menschen ankommen, die hier wohnen. Bei den Menschen, die seine Hilfe brauchen: „Hosianna" „Hilf doch!" oder bei den Menschen, die seine Nähe erleben und darüber zu jubeln beginnen.

Die Bekannte hat mir auf der Postkarte diesen Jesus näher gebracht. Stellen wir uns dies einmal vor: Auf diesem Esel sitzt kein anderer als derjenige, den das Christuslied aus dem Philipperbrief preist:

Er, der in göttlicher Gestalt war,
entäußerte sich selbst und nahm Knechtsgestalt an,
ward den Menschen gleich und der Erscheinung nach als Mensch erkannt.
Er erniedrigte sich selbst und wurde gehorsam bis zum Tode, ja zum Tode am Kreuz.

Darum hat ihn auch Gott erhöht und hat ihm einen Namen gegeben, der über alle Namen ist,
dass in dem Namen Jesu sich beugen sollen aller derer Knie, die im Himmel und auf Erden und unter der Erde sind,
und alle Zungen bekennen sollen, dass Jesus Christus der Herr ist, zur Ehre Gottes, des Vaters.

Eine Wechselbewegung: Einmal der Weg Jesu von der Krippe bis ans Kreuz. Jesus selbst ist aktiv. „Er erniedrigte sich selbst und wurde gehorsam bis zum Tode, ja zum Tode am Kreuz." Aber dann wird Gott aktiv, indem er ihn erhöht. Jesus ist hier merkwürdig passiv. Passiver als im apostolischen Glaubensbekenntnis, das wir miteinander gesprochen haben: „Niedergefahren zur Hölle, am dritten Tage auferstanden von den Toten, aufgefahren in den Himmel." Dafür ist er im apostolischen Glaubensbekenntnis auf seinem Erdenwege merkwürdig passiv: „Empfangen durch den Heiligen Geist, geboren von der Jungfrau Maria, gelitten unter Pontius Pilatus, gekreuzigt, gestorben und begraben." Dagegen ist in unserm Christuslied Jesus auf seinem Erdenwege ganz aktiv: „Er erniedrigte sich selbst und wurde gehorsam bis zum Tode, ja zum Tode am Kreuz." Es ist so, als wenn sich in unserem Christuslied die Grammatik umkehre. Aus dem Leidenden wird der Aktive, und aus dem Aktiven wird derjenige, der von Gott erhöht wird.

5.

Deswegen hat der Apostel Paulus das Lied in den Brief an die Philipper aufgenommen: Bei diesem Christus, der bewusst ins Leiden geht und von Gott erhöht wird, stößt das Streben nach einem Vorbild für sittliches Verhalten an eine Grenze.

Aus der Maxime für ethisches Verhalten wird die Einladung zum Bekenntnis, zum Lobgesang: „Alle Zungen sollen bekennen, dass Jesus Christus der Herr ist, zur Ehre Gottes, des Vaters."

Vor diesem Hintergrund verschiebt sich auch die Einleitung zu diesem Lied: „Seid auf das aus, was auch dem Einflussbereich Christi gemäß ist." Einflussbereich Christi: unsere Seele, die Kirche, die ganze Welt. Neuorientierung für Menschen, bei denen Christus eingezogen ist. Neuorientierung der Kirche, an der Christus nicht locker lässt. Neuorientierung einer Welt, deren Herr der Erhöhte ist, der auf Erden aber Knechtsgestalt annahm.

Lobpreis Gottes strebt nach einer Gemeinschaft. Deswegen ist der gottesdienstliche Gesang so wichtig. Lobpreis Gottes strebt über die Kirche hinaus, hinein in die ganze Welt. Die Welt wird gewissermaßen zum Echo unseres Lobgesangs, und dieses Echo erfasst den Lobgesang unserer Seele. Dann ist Christus bei uns angekommen.
Amen.

Applaus für eine Predigt (Röm 14,10-13)

Predigt am 27. Juni 2010 (4. S. n. Trin.) um 10 Uhr in St. Marien Hamburg Fuhlsbüttel

---

Röm 14,10 Du aber, was richtest du deinen Bruder? Oder du, was verachtest du deinen Bruder? Wir werden alle vor den Richterstuhl Gottes gestellt werden.
11 Denn es steht geschrieben (Jesaja 45,23): »So wahr ich lebe, spricht der Herr, mir sollen sich alle Knie beugen, und alle Zungen sollen Gott bekennen.«
12 So wird nun jeder von uns für sich selbst Gott Rechenschaft geben.
13 Darum laßt uns nicht mehr einer den andern richten; sondern richtet vielmehr darauf euren Sinn, daß niemand seinem Bruder einen Anstoß oder Ärgernis bereite.

Liebe Gemeinde,

1.

vor Jahren – es mag 1998 gewesen sein – habe ich als Predigthörer in der Hauptkirche St. Nikolai am Klosterstern eine Predigt erlebt, nach der der Prediger, es war ein Gastprediger, anschließend von der Gemeinde spontanen Beifall erhielt. Prediger war Helge Adolphsen, damals Hauptpastor an St. Michaelis. Er machte damals die schlimmste Krise seines Berufslebens durch. Es ging um die Besetzung der Hauptkirchenmusikerstelle in der Nachfolge von Günter Jena. Die Wogen gingen hoch. Ein Amtsbruder ging sogar an die Öffentlichkeit und kritisierte das Verhalten seines Bruders Hauptpastor in einem offenen Brief. Helge Adolphsen predigte in St. Nikolai über den Predigttext für den heutigen Sonntag:

14,10 Du aber, was richtest du deinen Bruder? Oder du, was verachtest du deinen Bruder? Wir werden alle vor den Richterstuhl Gottes gestellt werden.
11 Denn es steht geschrieben (Jesaja 45,23): »So wahr ich lebe, spricht der Herr, mir sollen sich alle Knie beugen, und alle Zungen sollen Gott bekennen.«
12 So wird nun jeder von uns für sich selbst Gott Rechenschaft geben.
13 Darum laßt uns nicht mehr einer den andern richten; sondern richtet vielmehr darauf euren Sinn, daß niemand seinem Bruder einen Anstoß oder Ärgernis bereite.

Ich weiß nicht mehr, was Helge Adolphsen damals im Einzelnen gesagt hat, aber dass er aus persönlicher Erfahrung predigte und dass es dies authentisch und überzeugend tat, das haben wir alle gemerkt. Dafür gab es mit Recht Beifall. Ich weiß auch noch, dass Helge Adolphsen den kurzen Paulustext als Auslegung des noch kürzeren Wortes Jesu aus der Bergpredigt auffasste: „Richtet nicht, damit ihr nicht gerichtet werdet!“

Ich selbst kann nicht mit einem solchen aktuellen, mich persönlich betreffenden Fall aus dem Berufsalltag aufwarten. Dazu bin ich schon zu lange Rentner. Aber ich erinnere mich noch sehr gut an eine Gemeindesituation, die schon fast zwanzig Jahre zurück liegt. Ich war damals noch Pastor in Vierlanden, in Kirchwerder. Hohe Kirchenmitgliedschaft, allein zu unserer Gemeinde gehörten fast 80% der Bevölkerung. Sonntägliche Gottesdienstbesucherzahl bei 6.400 Gemeindegliedern 20 bis 40, zwischen 0,3 und 0,6 Prozent. Ganz anders bei Beerdigungen. Da war die Kirche voll.

Einer Gruppe aus der Gemeinde war das zu wenig. Sie bemühten sich redlich, das Interesse der Landbewohner für das Evangelium von Jesus Christus neu zu wecken, Leben in die Gemeinde zu bringen. In regelmäßigen Abständen fanden sogar Evangelisationen mit Predigern aus Kanada statt – nicht neben der Kirche her, sondern in der Kirche. Die Veranstaltungen waren nicht schlecht besucht. Aber irgendwie schmeckte mir die Richtung theologisch nicht. Manches war aus meiner Sicht zu gesetzlich. Dann wieder schien mir Gott in seiner Souveränität nicht genügend beachtet, wenn die menschliche Entscheidung für oder gegen Gott allzu einseitig betont wurde. Der Kragen platzte mir, als ich Karten entdeckte, auf denen man eine Selbsteinschätzung der eigenen Glaubensstärke eintragen konnte, genauer den Grad der persönlichen Lebensübergabe an Jesus Christus. Ich habe, was für einen Gastgeber vielleicht nicht so ganz höflich war, mit Luther- und Paulus-Zitaten gegen diese Bestrebungen Stellung bezogen, bin damit aber auf Unverständnis gestoßen.

Eine deutliche Abkühlung mir gegenüber war die Folge. Vor allem auch, als diese Gruppe bei der Kirchenwahl 1990 keinen ihrer fünf Kandidaten durchsetzen konnte, nachdem sie in einer groß angelegten Werbeaktion für ihre Position geworben hatte. Die Abkühlung ging so weit, dass kein Mitglied dieser Gruppe mir gratuliert hat, als ich 1993 zum Hauptpastor von St. Nikolai gewählt worden war.

2.

Liebe Gemeinde, hätte in dieser Beziehungskrise das Jesus-Wort eine Hilfe sein können: „Richtet nicht, damit ihr nicht gerichtet werdet?" Hätte ich von vornherein lieber mit meinem Urteil zurück halten sollen. Wäre ich nicht besser beraten gewesen, wenn ich denen, die es doch mit ihrer Kirche so ernst meinten und so entschlossen und rigoros ihre Ansichten durchsetzen wollten, den Rücken gestärkt hätte, statt selbst Farbe zu bekennen. Hätte ich damit nicht die mich immer noch bewegende Erfahrung verweigerter Glückwünsche verhindern können? „Richtet nicht, damit ihr nicht gerichtet werdet!"

Umgekehrt: Mit der Verweigerung der Glückwünsche nahm die Gruppe einen Urteilsspruch vorweg, der nach Auffassung des Apostels Paulus Gott zukommt. Gott wird sein Urteil über jeden von uns sprechen. Ganz persönlich.

3.

Mit diesem richtenden Gott wiederum habe ich mich immer schwer getan. Bei dem Einsetzungswort zur Beichte habe ich früher gern nur den ersten Teil gelesen: „Welchen ihr die Sünden erlasst, denen sind sie erlassen;“ und den zweiten Teil weggelassen: „und welchen ihr sie behaltet, denen sind sie behalten.“

Ich sehe das inzwischen anders. Mit dem Hinweis auf das zukünftige Gericht Gottes wird vorschnelles menschliches Urteilen verhindert, relativiert. Auf der anderen Seite muss aber auch geurteilt werden. Unsere ganze Gesellschaft würde nicht existieren können, wenn es nicht Gerichte gäbe. Fußballspiele nicht nur bei der Fußball-Weltmeisterschaft würden nicht einmal angepfiffen werden, wenn es keine Schiedsrichter gäbe.

Was Paulus meint, sind Urteile, sind Vorverurteilungen, die ein menschliches Zusammenleben unmöglich machen. Es soll ja Hamburger Stadtteile geben, in denen sich Nachbarn öfter vor Gericht sehen als im Treppenhaus. Und wer kennt das nicht aus eigener Erfahrung in der Familie, dass Vorurteile aufgebaut werden, und dann geht plötzlich nichts mehr. Nicht ohne Grund spricht Paulus seinen Leser des Römerbriefs auf seinen Bruder an. Es könnte auch seine Schwester sein. Das Zusammenleben in einer Familie wird damit angesprochen. Das Zusammenleben von Menschen mit unterschiedlichen Interessen und Neigungen, mit unterschiedlichen Erfolgs- oder Misserfolgserlebnissen, mit unterschiedlichen Erfahrungen von Kirche auch. Wie wichtig ist da das gemeinsame Gespräch. Und wie nehmen doch diese Möglichkeiten des gemeinsamen Gesprächs ab, einfach schon deshalb, weil sich die Essensgewohnheiten verändert haben. Wie können sich Vorurteile verfestigen, wenn nicht miteinander gesprochen wird. Wie viele Lebenschancen zerbrechen, wenn einer der Gesprächspartner schon immer genau weiß, wie er den anderen einzuschätzen hat und es gar nicht für nötig erachtet, dem anderen sein Ohr zu schenken, ihm auch nur einmal zuzuhören. Welche Lebenschancen werden damit vertan, wenn durch vorschnelles Richten, durch Vorurteile, durch Vorverurteilungen ein Gespräch überhaupt unmöglich gemacht wird.

4.

In einer Zeit, in der insbesondere die römisch-katholische Kirche in ihren Grundfesten wackelt, ist eine neue Gesprächskultur gefragt, ein neuer runder Tisch, an dem sich nicht nur Experten versammeln, nicht nur Kirchenvertreter, sondern auch Opfer oder deren Vertreter, deren Anwälte. Damit ein offenes Gespräch geführt werden kann ohne Vorverurteilungen und ohne Verweigerung des Zuhörens. Ein offenes Gespräch mit einer großen Bereitschaft zum Zuhören. Ein verantwortungsvolles Gespräch, das beispielhaft sein kann für ein neues Miteinander in unserer Gesellschaft. Ein Gespräch, das mehr ist als nur eine Talkrunde, sondern das offen ist für den richtenden Gott am Ende der Tage, für den Gott, vor dem wir uns ebenso zu verantworten haben wie vor unseren Mitmenschen heute. Vielleicht, vielleicht können wir hier auch lernen von Moslems und Muslimas, denen das Gericht Gottes am Ende der Tage im Koran immer wieder vor Augen geführt werden.

5.

In einem solchen Dialog würde ich gern unseren Predigttext in die Waagschale werfen. Er malte dieses Gericht Gottes nicht mit düsteren Farben, sondern ganz positiv. Am Ende steht das Zusammenkommen der Völker vor Gott: „So wahr ich lebe, spricht der Herr, mir sollen sich alle Knie beugen, und alle Zungen sollen Gott bekennen." Das bedeutet nicht, dass wir uns völlig unkritisch mit anderen an einen Tisch setzen und so tun, als gäbe es keine Unterschiede. Das vorauszusetzen, wäre schon ein Vorurteil. Wie belebend kann es aber für eine Gemeinschaft sein, wenn Verschiedenheiten wahrgenommen werden, auch Verschiedenheiten zwischen den Konfessionen oder Verschiedenheiten zwischen den Generationen. Die Beachtung solcher Verschiedenheiten kann zu einer versöhnten Verschiedenheit führen, zu einer versöhnten Verschiedenheit im Angesicht Gottes sogar.

Aber mehr noch: Vor Gott beugen sich nicht nur die Knie, sondern er richtet auch auf, er befreit, frei für den anderen, den er als Bruder oder Schwester wahrnimmt. Nicht erst in der Zukunft. Amen.

Kampf gegen die Macht des Bösen (1. Mose 3,1-19)

Predigt am 13. März 2011 (Invocavit) in der Hauptkirche St. Nikolai am Klosterstern

---

1. Mose 1,1 Aber die Schlange war listiger als alle Tiere auf dem Feld, die Gott der HERR gemacht hatte, und sagte zu der Frau: »Hat Gott wirklich gesagt, dass ihr von allen Bäumen im Garten nicht essen sollt?«
2 Da sagte die Frau zu der Schlange: »Wir dürfen von den Früchten der Bäume im Garten essen;
3 aber von den Früchten des Baumes mitten im Garten hat Gott gesagt: ›Esst nicht davon, rührt sie auch nicht an, damit ihr nicht sterbt.‹«
4 Da sagte die Schlange zur Frau: »Ihr werdet ganz sicher nicht sterben,
5 sondern Gott weiß, dass an dem Tag, an dem ihr davon esst, eure Augen geöffnet werden, und ihr werdet sein wie Gott und wissen, was gut und böse ist.«
6 Und die Frau sah, dass von dem Baum gut zu essen wäre und dass er eine Lust für die Augen und ein begehrenswerter Baum wäre, weil er klug machte. Und sie nahm von seiner Frucht und aß und gab ihrem Mann, der bei ihr war, auch davon, und er aß.
7 Da wurden ihnen beiden die Augen geöffnet, sie erkannten, dass sie nackt waren, flochten Feigenblätter zusammen und machten sich Schurze.
8 Und sie hörten die Stimme Gottes des HERRN, der im Garten umherging, als der Tag kühl geworden war. Da versteckten sich Adam und seine Frau vor dem Angesicht Gottes des HERRN zwischen den Bäumen im Garten.
9 Und Gott der HERR rief Adam und sagte zu ihm: »Wo bist du?«
10 Und er sagte: »Ich hörte deine Stimme im Garten und fürchtete mich, denn ich bin nackt; darum versteckte ich mich.«
11 Und er sagte: »Wer hat dir gesagt, dass du nackt bist? Hast du etwa von dem Baum gegessen, von dem ich dir gebot, du solltest nicht davon essen?«
12 Da sagte Adam: »Die Frau, die du mir gegeben hast, sie gab mir von dem Baum, und ich aß.«
13 Da sagte Gott der HERR zu der Frau: »Warum hast du das getan?« Die Frau sagte: »Die Schlange betrog mich, und ich aß.«
14 Da sagte Gott der HERR zu der Schlange: »Weil du das getan hast, sollst du verflucht sein unter allem Vieh und unter allen Tieren auf dem Feld. Dein Leben lang sollst du auf deinem Bauch kriechen und Staub fressen.
15 Und ich will Feindschaft setzen zwischen dir und der Frau und zwischen deinem Samen und ihrem Samen. Er wird dir den Kopf zertreten, und du wirst ihn in die Ferse stechen.«
16 Und zu der Frau sagte er: »Ich will dir viel Mühsal schaffen, wenn du schwanger wirst; du sollst mit Schmerzen Kinder gebären. Und dein Verlangen soll nach deinem Mann sein, aber er wird über dich herrschen.«
17 Und zu Adam sagte er: »Weil du der Stimme deiner Frau gehorcht und von dem Baum gegessen hast, von dem ich dir gebot und sagte: ›Du sollst nicht davon essen!‹, sei der Erdboden um deinetwillen verflucht! Dein Leben lang sollst du dich mit Mühsal von ihm nähren.
18 Dornen und Disteln soll er dir tragen, und du sollst das Kraut auf dem Feld essen.
19 Im Schweiß deines Angesichts sollst du dein Brot essen, bis du wieder zu Erde wirst, von der du genommen bist. Denn du bist Staub und sollst wieder zu Staub werden.«

Liebe Gemeinde,

1.

das Evangelium für den heutigen Sonntag und der Predigttext aus dem Alten Testament haben ein gemeinsames Thema: die Versuchung. Jesus widersteht der Versuchung des Teufels, während der Mensch, Adam und Eva, der Versuchung der Schlange nicht widerstehen. Die Botschaft, dass Jesus der Versuchung widerstand, ist dem einen oder der anderen unter uns am Beginn dieser Passionszeit vielleicht eine Stärkung in dem Entschluss, sieben Wochen anders zu leben. Auf Alkohol oder Süßigkeiten oder andere Versuchungen des Lebens zu verzichten. Gerade in der Anfangszeit ist dies eine Auseinandersetzung mit der Macht der Gewohnheit, bevor nach und nach entdeckt wird, welche Befreiung der längere Verzicht auf Gewohntes bedeuten kann, welche Chance zu einer Neuausrichtung auch. Um diese Auseinandersetzung mit den Mächten, die unser Leben bestimmen und bedrohen, geht es mir in dieser Predigt. Ich habe mir dabei gestern wohl überlegt, ob ich meine schon vorbereitete Predigt beiseitelegen und noch einmal ganz von vorn beginnen solle. Aber wenn es angesichts der die ganze Welt erschütternden Katastrophe von vorgestern, wenn es angesichts der Bedrohung des Lebens des Menschen durch tödliche Mächte einen Text der Bibel gibt, der ein Gegengewicht gegen diese Erfahrungen darstellt, dann ist es die Paradiesgeschichte im 3. Kapitel der Bibel.

Sowohl im Paradies als auch in der Wüste geht es allerdings vordergründig um das Essen, also um das Gegenteil von Fasten:

„Sollte Gott gesagt haben: ‚Ihr sollt nicht essen von allen Bäumen im Garten?'"
„Bist du Gottes Sohn, so sprich, dass diese Steine Brot werden,"

Hintergründig aber geht es um Macht, um die Macht Gottes in der Auseinandersetzung mit anderen Mächten:

Es führte der Teufel Jesus mit sich auf einen sehr hohen Berg und zeigte ihm alle Reiche der Welt und ihre Herrlichkeit und sprach zu ihm: „Das alles will ich dir geben, wenn du niederfällst und mich anbetest." Da sprach Jesus zu ihm: „Weg mit dir, Satan! Denn es steht geschrieben (5. Mose 6,13): »Du sollst anbeten den Herrn, deinen Gott, und ihm allein dienen.«"

„Führe du, Gott, uns nicht in Versuchung, führe du uns nicht in eine Situation, in welcher wir dem Satan persönlich begegnen, erlöse uns vielmehr von dem Bösen, nicht nur von dem Übel, sondern von dem Bösen, von dem Satan persönlich, von seiner Macht." Und der Satan bekommt es von Jesus zu hören:

„Du sollst den Herrn, deinen Gott, nicht versuchen."

Es geht um die Auseinandersetzung zwischen Satan und Gott. Es geht um Tod und Leben. Es geht um uns.

2.

Wenn ich in diesem Zusammenhang die Paradiesgeschichte, die Geschichte vom Sündenfall, zum Zuge kommen lasse, so nicht einfach deshalb, weil diese Geschichte heute als biblischer Grundlagentext für die Predigt an der Reihe ist. Auch nicht wegen meiner bekannten Verliebtheit in das Alte Testament. Nein, diese Geschichte aus dem dritten Kapitel der Bibel hat mir neu die Augen geöffnet.

Ich hatte bei der neuen Beschäftigung mit dieser Geschichte einige Hindernisse aus dem Weg zu räumen, Einwände, die ich auch gesprächsweise immer wieder gehört hatte: Diese Geschichte sei *lustfeindlich*, weil sie der versucherischen Schlange Schuld zuschreibe mit der Strafe als Folge. Diese Geschichte sei *frauenfeindlich*, weil sie Eva als erste der Versuchung erliegen lasse. Diese Geschichte sei *kulturfeindlich*, weil sie die Fähigkeit der Unterscheidung von gut und böse zu unterbinden versuche.

3.

Es geht um das Verstehen der Sündenfallgeschichte. Verstehen eines Textes ist nur möglich, wenn man die Bedingungen seiner Entstehung berücksichtigt. Das ist nicht nur ein Grundsatz neuzeitlicher Bibelauslegung, sondern setzt sich auch in der Koranauslegung immer mehr durch. (Phantastisch das im November 2010 erschienene Buch der Berliner Islam-Wissenschaftlerin Angelika Neuwirth: Der Koran als Text der Spätantike. Ein europäischer Zugang.)

In welcher Zeit nun ist die Geschichte vom Sündenfall entstanden? Ich bin da etwas mutiger als breite Strömungen gegenwärtiger alttestamentlicher Wissenschaft, wenn ich voraussetze: Die Sündenfallgeschichte ist zur Zeit des Königs Salomo entstanden.
Mit Salomo wird in 1. Kön 3 die Erzählung von einem Traum in Verbindung gebracht: JHWH persönlich erscheint Salomo und gibt ihm Wünsche frei:

„Bitte, was ich dir geben soll."

Salomo hat nur *einen* Wunsch:

„Du wollest deinem Knecht ein gehorsames Herz geben, damit er dein Volk richten könne und verstehen, was gut und böse ist."

JHWH erfüllt Salomo diesen Wunsch, er kritisiert ihn nicht, er sucht Salomo nicht daran zu hindern, zu der Erkenntnis von Gut und Böse zu gelangen, sondern diese Bitte wird als Zeichen der besonderen Frömmigkeit und Demut Salomos angesehen, als Zeichen auch seiner Entschlossenheit, sein Volk zu verstehen und entsprechend zu beurteilen.

Tatsächlich wird ja auch dem Menschen im Paradies diese Fähigkeit der Unterscheidung des Guten und des Bösen zuteil. Ja, mehr noch: Nachdem er vom Baum der Erkenntnis des Guten und des Bösen gegessen hat, ist er wie Gott. Der Mensch ist dadurch über sich hinausgewachsen. Er ist dadurch zumindest so viel wie ein König geworden. Aber es ist ein Unterschied, welche Grundhaltung der Mensch an den Tag legt, Demut oder Hochmut. Demut lässt sich von Gott beschenken, Hochmut kommt vor dem Fall. Auch bei König Salomo. Und manchmal kommt die Demut erst nach dem Fall.

Tatsächlich hat Salomo versucht, sein Königtum nach dem Vorbild der Pharaonen zu entfalten. Eine seiner vielen Frauen war Pharaonentochter. Nach ägyptischer Vorstellung war der König Gott. Ja, mehr noch: Als Gott lebte der König ewig. Die bis weit in das vergangene Jahr hinein in Hamburg präsentierte Tut-Anch-Amun-Ausstellung hat eine lebhafte Anschauung davon gegeben. Und vielleicht hatte auch, um bei Ägypten zu bleiben, Mubarak diese Vision, ewig herrschen, ja, ewig leben zu können.

Gegen diese überzogene Vorstellung aber bezieht die Sündenfallgeschichte Stellung. Will es schon nicht gelingen, den Menschen von der Sehnsucht der Unterscheidung von Gut und Böse abzubringen, so verhindert Gott es durch die Verweisung aus dem Paradies, dass der Mensch auch noch vom Baum des Lebens isst und damit ewig zu leben in der Lage ist.

Wir spüren es: Hinter der Sündenfallgeschichte stehen Verfasser, die auf der einen Seite durchaus fasziniert sind von den Möglichkeiten, die das Königtum bietet. Wissenschaft und Ethik, auch Baukunst und überhaupt die Kunst sind auf der einen Seite in ganz neuer Weise möglich. Die Berufe erleben eine ungeahnte Spezialisierung. Die Verfasser der Urgeschichte sind davon so fasziniert, dass sie JHWH selbst wie einen König auftreten lassen. Lustvoll schreitet er durch den Garten, durch das Paradies und genießt die Abendkühle. Er ist bei allem Abstand, die ein König erzeugt, auch ein menschlicher Gott. Er hat einen Namen: JHWH. In der wörtlichen Rede wird dieser Name allerdings niemals benutzt, sondern die Bezeichnung Gott, Elohim:

„Sollte Gott gesagt haben?“ „Ihr werdet sein wie Gott.“

Internationale Gottesbezeichnung: „El“ – Gott der Ugariter, die zwischen 1400 und 1200 v. Chr. und auch noch danach die politische Szene des Vorderen Orients beherrschten. Elohim – ein Plural, daran erinnernd, dass Israel in einem religiösen Umfeld lebte, in welchem mehrere Götter angebetet wurden. Allah – auch diese Bezeichnung stammt von El her und nicht zuletzt auch der martialische Ruf beim spanischen Stierkampf „Olé“.

Vor diesem Hintergrund nimmt es nicht wunder, wenn in der Schlange im Paradies eine ägyptische Gottheit gesehen wird: die Versorgungsgottheit Re-Nenutet. Sie ist es, die Eva dazu ermuntert, gegen das Verbot JHWHs zu verstoßen, und die Frucht vom Baum der Erkenntnis des Guten und des Bösen zu essen und auch ihren Mann dazu zu verführen.

Israel muss von den Möglichkeiten der königlichen Vorratswirtschaft fasziniert gewesen sein. Die Josefsgeschichte legt davon ein lebendiges Zeugnis ab. Vorratswirtschaft aber war nur möglich, wenn Vorratshäuser gebaut wurden.

Das Alte Testament sieht aber auch die Kehrseite der Medaille: Für den Bau dieser Häuser wurden immer mehr Arbeiter in den Frondienst gezwungen, Fronknechte Salomos.

Re-Nenutet – die schlangenförmige Versorgungsgottheit, die Pharaonentochter – Ehefrau des Königs Salomo. Vielleicht ist deshalb die Frau die erste, die Kontakt zur Schlange hat und sich von ihr verführen lässt. Und wenn Adam für Salomo steht, dann kommt Salomo schlecht bei allem weg:

„Das Weib, das du mir zugesellt hast, gab mir von dem Baum, und ich aß.“

Der König übernimmt nicht die Verantwortung für sein Handeln, sondern schiebt sie ab – auf seine Frau, schließlich auf Gott selbst.

Ein neuerer Ausleger weist zudem darauf hin, dass die Schlange im Hebräischen ein Masculinum ist und übersetzt: der Schlang. Demnach geht die Versuchung nicht auf immer und ewig von einem weiblichen Wesen aus. So spricht die Geschichte von der Versuchung Jesu auch von dem Teufel, dem Satan, also einem männlichen Wesen, und der Koran lässt – auf drei unterschiedlichen Ebenen seiner Entstehung sogar – im Paradies nicht die Schlange herumkriechen, sondern den Satan auftreten, und zwar zunächst nicht vor Eva gesondert, sondern vor „dem Menschen", dann vor „Adam" und „seiner Gattin". So werde ich auch nicht der Versuchung erliegen, mich über die Übersetzung der Paradiesgeschichte durch die Bibel in gerechter Sprache lustig zu machen, sondern sie ernst zu nehmen: „Die Schlange hatte weniger an, aber mehr drauf als alle anderen Tiere des Feldes." Die Schlange, der Schlang hat etwas das menschliche Leben Förderndes und etwas Todbringendes – wie in unseren Tagen die Kernkraft.

Die Kritik an Eva ist in der biblischen Sündenfallgeschichte also durchaus zeitbedingt und erklärt sich aus den Vorbehalten der Verfasser gegenüber der ägyptischen Königstochter, der Ehefrau Salomos.
Die Sündenfallgeschichte aber ist nicht prinzipiell lustfeindlich, nicht prinzipiell frauenfeindlich und nicht prinzipiell kulturfeindlich. Damit ist ein neuer Zugang zu dieser Geschichte möglich.

4.

Ich spreche immer von der Sündenfallgeschichte, obwohl ein Begriff für „Sünde" in dieser Geschichte überhaupt vorkommt. Und damit sind wir bei dem Hauptproblem der Sündenfallgeschichte, gerade in dieser Passionszeit. Weite Kreise unserer Nordelbischen Kirche und nicht nur sie fragen sich, wofür Jesus eigentlich gestorben sei. Mit vielen Mitchristinnen und Mitchristen halte ich es für zu banal, wenn Jesus nur deshalb gestorben sein soll, um Gottes Zorn über die Sünde des Menschen zu versöhnen. Dieses auf Anselm von Canterbury zurück gehende Verständnis ist mir zu wenig. Aber noch weniger kann ich es nachvollziehen, wenn gesagt wird, der Tod Jesu mache überhaupt keinen Sinn. Er hat einen Sinn. Er erschließt sich von der Geschichte der Versuchung Jesu her.

Die Entsprechungen zwischen dieser Geschichte und derjenigen von der Kreuzigung Jesu sind offenkundig. Sagt der Teufel Jesus:

„Bist du Gottes Sohn, so sprich, dass diese Steine Brot werden,"

so fordert einer der beiden Schächer Jesus am Kreuz heraus mit den Worten:

„Bist du Gottes Sohn, so steig herab vom Kreuz und hilf dir selbst und uns."

Macht der Teufel auf einem hohen Berge Jesus Lust darauf, alle Reiche der Welt zu besitzen, allerdings unter einer Voraussetzung: Dass er sich vor dem Teufel niederwerfe und ihn anbete, so sagt Gott ebenfalls auf einem hohen Berge:

„Du bist mein lieber Sohn, an dir habe ich Wohlgefallen."

Entsprechend bekennt der römische Hauptmann unter dem Kreuz:

„Dieser ist wahrlich Gottes Sohn gewesen."

Gottes Sohn und nicht Anbeter des Teufels. Dies sieht der andere Schächer am Kreuz:

„Gedenke an mich, wenn du in dein Reich kommst,"

und Jesus antwortet:

„Wahrlich, ich sage dir: ‚Heute noch wirst du mit mir im Paradiese sein.'"

Die Paradiesgeschichte spricht nicht von der Sünde. Es geht ihr um mehr, Sie kennt auch noch keine Vorstellung von der Erbsünde. Aber wir werden hineingeboren in einen Zusammenhang menschlicher Entscheidungen und deren Folgen. Sie üben Macht auf uns aus. Werden wir dieser Macht erliegen, oder können wir uns ihrer erwehren?

Die Schlange, der Schlang ist Ausdruck dieser Macht. Gott selbst macht den Schlang zum Tod-Feind des Menschen. Aber Gott gibt dem Menschen auch das know-how, sich des Schlangs zu erwehren, ihm auf den Kopf zu treten, ja, ihm sogar den Kopf zu zertreten.

Der Mensch lebt in einem Zwiespalt: Einerseits wird sein Leben durch den Schlang bedroht; andererseits wird er mit der Fähigkeit ausgestattet, den Schlang zu bezwingen, sich seiner zu erwehren.

Genau in diesen Zwiespalt tritt Jesus Christus. Mit seinem Tod nimmt der dem Schlang die todbringende Macht. Mit seinem Tod nimmt er dem Schlang, nimmt er der Schlange die todbringende Macht der Verführung. Mit seinem Tod tritt er auf den Kopf der Schlange, des Schlangs. Die Kunstgeschichte hat sich immer wieder dieses Themas angenommen, ob wir an Darstellungen aus der karolingischen Zeit oder an Bilder Lucas Cranachs denken.

5.

Jahwe spricht zur Schlange:

„Ich will Feindschaft setzen zwischen dir und dem Weibe und zwischen deinem Nachkommen und ihrem Nachkommen; der soll dir den Kopf zertreten, und du wirst ihn in die Ferse stechen."

Man hat dieses Wort als das Protevangelium bezeichnet, als den ersten Beleg der Bibel für das Evangelium. Es wird z.B. zum Evangelium, wenn die Schlange oder der Schlang durch Worte gebannt wird, durch Worte der Dichtung zum Beispiel. So fiel mir vor drei Wochen bei Bekannten ein Gedicht in die Hände. Die elfjährige Enkeltochter, in Kalifornien lebend, habe es verfasst und der Großmutter in Deutschland in einen selbst gestalteten Fotoband gefügt. Dem Text unterlegt war das Foto einer Klapperschlange. Darauf hatte die Elfjährige folgendes Gedicht gesetzt:

„Hass ist ein kalter eisiger Stachel in deinem Herzen.
Eine Schlange, die sich um deinen Körper windet.
Ihre smaragdfarbenen Augen, die in meines starren.
Ihre Fangzähne, die blitzen wie Kriegswerkzeuge,
die Gift in dein Herz spritzen.
Er, der Hass, ist ein Dämon in dir,
der dich mit seinen Worten vergiftet.“

Hier hat ein Kind mit sicherem Blick die Schlange mit der Macht des Hasses identifiziert. Damit hat es diese böse Macht gebannt. Das Wort des Hasses vergiftet nicht mehr den Menschen wie eine Schlange, sondern das bannende Wort der Poesie wird zum Wort des Lebens, zum Evangelium, zum Hinweis auf Gottes lebensstiftende Liebe in Jesus Christus, auf seine Leidenschaft für uns, allen Ohnmachtserfahrungen zum Trotz. Amen.

Ostergeschichten (Mt 28,1-10)

Predigt am 24. April 2011 (Ostersonntag) um 10 Uhr in der Stiftung Altenheim St. Johannis/St. Nikolai

---

Mt 28,1 Als aber der Sabbat vorüber war und der erste Tag der Woche anbrach, kamen Maria von Magdala und die andere Maria, um nach dem Grab zu sehen.
2 Und siehe, es geschah ein großes Erdbeben. Denn der Engel des Herrn kam vom Himmel herab, trat hinzu und wälzte den Stein weg und setzte sich darauf.
3 Seine Gestalt war wie der Blitz und sein Gewand weiß wie der Schnee.
4 Die Wachen aber erschraken aus Furcht vor ihm und wurden, als wären sie tot.
5 Aber der Engel sprach zu den Frauen: „Fürchtet euch nicht! Ich weiß, daß ihr Jesus, den Gekreuzigten, sucht.
6 Er ist nicht hier; er ist auferstanden, wie er gesagt hat. Kommt her und seht die Stätte, wo er gelegen hat;
7 und geht eilends hin und sagt seinen Jüngern, daß er auferstanden ist von den Toten. Und siehe, er wird vor euch hingehen nach Galiläa; dort werdet ihr ihn sehen. Siehe, ich habe es euch gesagt."
8 Und sie gingen eilends weg vom Grab mit Furcht und großer Freude und liefen, um es seinen Jüngern zu verkündigen.
9 Und siehe, da begegnete ihnen Jesus und sprach: „Seid gegrüßt! Und sie traten zu ihm und umfaßten seine Füße und fielen vor ihm nieder."
10 Da sprach Jesus zu ihnen: „Fürchtet euch nicht! Geht hin und verkündigt es meinen Brüdern, daß sie nach Galiläa gehen: dort werden sie mich sehen."

Liebe Gemeinde,

Ostersonntag, erster Tag der Woche, wie es im Osterevangelium heißt, erster Schöpfungstag, Tag des Lichts, Tag der Auferstehung. Es ist gut, dass das Neue Testament uns dieses Geschehen viermal berichtet, viermal in unterschiedlicher Weise und mit unterschiedlichen Akzenten. Sie haben Jahr um Jahr von anderen Pastorinnen und Pastoren diese Geschichte erzählt und ausgelegt bekommen, und wenn man hinzu nimmt, wie Sie, eine jede, ein jeder für sich, diese Geschichte gehört und in Ihre Seele aufgenommen haben, dann kommt da ein ganzes Geflecht von Auferstehungsgeschichten zusammen.

Je nach dem Lebenshintergrund, den wir mitbringen, beginnen diese Geschichten neu zu sprechen.

Die Geschichten haben in der Bibel einen gemeinsamen Hintergrund: die Kreuzigung und den Tod Jesu.
Aber schon dies wird von den Evangelisten unterschiedlich dargestellt. Bei den vier Evangelisten hören wir unterschiedliche Worte als letzte Worte Jesu am Kreuz, und jedes hat sein eigenes Gewicht: „Mein Gott, mein Gott, warum hast du mich verlassen?" – letztes Wort Jesu nach Markus. „Vater, in deine Hände befehle ich meinen Geist," – letztes Wort Jesu nach Lukas. „Es ist voll-

bracht!“ – letztes Wort Jesu nach Johannes. Es ist so, als wenn die Schöpfung an ihr Ende gekommen sei, als wenn sie vollendet sei mit der Erhöhung Jesu ans Kreuz.

Ganz andere Vorstellungen verbindet der Evangelist Matthäus mit dem Sterben und der Auferstehung. Jedes Mal geschieht ein Erdbeben. Wir sind sensibel geworden für Nachrichten von einem Erdbeben. Das Erdbeben in Japan mit all seinen verheerenden Folgen hat Nachbeben unterschiedlicher Stärke in unseren Seelen hinterlassen. Hören wir auf das, was Matthäus berichtet. Nicht nur die beiden Frauen, die am Ostermorgen das Grab Jesu aufsuchen, werden Zeuginnen eines Erdbebens, auch schon auf den Tod Jesu folgt ein Erbeben:

Mt 27,50 Aber Jesus schrie abermals laut und verschied.
51 Und siehe, der Vorhang im Tempel zerriß in zwei Stücke von oben an bis unten aus.
52 Und die Erde erbebte, und die Felsen zerrissen, und die Gräber taten sich auf, und viele Leiber der entschlafenen Heiligen standen auf
53 und gingen aus den Gräbern nach seiner Auferstehung und kamen in die heilige Stadt und erschienen vielen.
54 Als aber der Hauptmann und die mit ihm Jesus bewachten das Erdbeben sahen und was da geschah, erschraken sie sehr und sprachen: „Wahrlich, dieser ist Gottes Sohn gewesen!“
55 Und es waren viele Frauen da, die von ferne zusahen; die waren Jesus aus Galiläa nachgefolgt und hatten ihm gedient;
56 unter ihnen war Maria von Magdala und Maria, die Mutter des Jakobus und Josef, und die Mutter der Söhne des Zebedäus.

Es ist ein merkwürdiges Erdbeben. Es lässt viele entschlafene Heilige auferstehen. Die Folge dieses Erdbebens ist nicht der Tod, sondern das Leben der Menschen, sogar das Leben der Toten. Bei dem römischen Hauptmann und seinen Wachleuten entsteht ein Erdbeben in ihrer Seele. Sie bekennen: „Dieser ist wahrlich Gottes Sohn gewesen!“ Und drei Frauen, die später wichtige Funktionen in der Urgemeinde erhalten sollten, sei es in einer Führungsposition wie Maria Magdalena, oder sei es als Mütter von späteren Führungsgestalten der Gemeinde wie Maria, die Mutter des Jakobus und Josef, und die Mutter der Söhne des Zebedäus, sie halten sich zurück. Kritisch vielleicht, eher aber doch ängstlich.

Matthäus verrät uns nicht einmal, welchen letzten Schrei Jesus vor seinem Tode ausgestoßen hat, welches letzte Wort da in ihnen nachgeklungen haben mag. Matthäus berichtet nur: „Aber Jesus schrie abermals laut und verschied.“

Ostermorgen bleiben die Frauen merkwürdig distanziert. Während Markus und Lukas berichten, dass sie Jesus salben wollten, bleibt Matthäus auch da merkwürdig distanziert: Es kamen Maria aus Magdala und die andere Maria, um das Grab zu besehen. Kein Wort von der Auferstehung der Heiligen zwei Tage zuvor. Kein Wort der Erklärung dafür, dass eine der drei Frauen, die Mutter der Söhne des Zebedäus, also die Frau des Zebedäus, nicht mit gekommen ist, um das Grab zu beschauen.

Stattdessen wieder dieses Erdbeben. Auch diesmal ergreift es nicht zuerst die Frauen, sondern wieder die römischen Wachen. Diesmal hat Pilatus sie auf Bitten der Hohepriester und der Pharisäer zur Verfügung gestellt. Die Wächter werden von einem existenziellen Erdbeben erfasst: Als der Engel des Herrn aus dem Himmel herab gekommen und den Stein vor dem Grab weggewälzt hatte und sie seines Aussehens „wie der Blitz, sein Kleid weiß wie der Schnee“ gewahr wurden, erbebten sie aus Furcht vor ihm und wurden wie tot. Nur wenig später sollten sie sich von den Hohepriestern und den Ältesten bestehen lassen und aussagen, die Jünger hätten den Leichnam Jesu gestohlen.

Jetzt erst wendet der Engel sich den Frauen zu. Auch sie hätten Grund zur Furcht. Oder sind sie immer noch unbeteiligt? Jedenfalls spricht der Engel sie auf ihre Furcht an: „*Ihr* sollt euch nicht fürchten.“ Und dann kommt die eigentliche Osterbotschaft: „Er ist auferweckt worden, wie er gesagt hat.“ Gott hat ihn auferweckt. Jesu Leben, Tod und Auferweckung sagen uns: „Gott ist mit uns.“ Und dann sollen sie nach Galiläa ziehen und dies seinen Jüngern verkünden. Das wird in etwa so von allen vier Evangelisten berichtet. Das ist ja die zentrale Botschaft von Ostern: „Christus ist auferstanden, er ist auferweckt von den Toten, Gott hat ihn auferweckt.“ Ein heiliges Erschauern, aber auch tiefe Freude ergreift sie.

Doch dann kommt es bei Matthäus ganz anders: Jesus selbst, der Auferstandene selbst kommt ihnen entgegen. Bei keinem der drei anderen Evangelisten geschieht dies so am Ostermorgen. Nach Lukas begleitet der Auferstandene erst am Abend seine Jünger nach Emmaus und gibt sich ihnen dort zu erkennen. Erst nach acht Tagen soll nach Johannes die Geschichte vom ungläubigen Thomas stattgefunden haben. Aber das sind Männergeschichten.

Matthäus kommt demgegenüber alles darauf an, von Frauen als ersten Augen- und Ohrenzeuginnen des Auferstandenen zu berichten. Matthäus, der vielleicht bewusst ein letztes Wort Jesu vom Kreuz nicht zitiert, berichtet von einem ersten Wort des Auferstandenen. Es ist ein ganz einfaches Wort: „Seid gegrüßt!“ Ein Wort des Grußes. Dieses Wort spricht uns an auch in einer Welt, in der die Kultur des Grüßens sich sehr verändert hat. In manchen Kreisen kennt man das Grüßen und Sich Verabschieden überhaupt nicht mehr. Häufig nimmt man Fremdsprachen zu Hilfe „Hi!“ zur Begrüßung und „Ciao!“ zur Verabschiedung. Auch in Hamburg verwenden Manche den Gruß „Grüß Gott!“ und machen damit deutlich, dass der Gruß eine theologische Dimension hat. Aber wem ist bewusst, dass unser hamburgisches „tschüss“ von dem Französischen „Adieu“ stammt und so viel wie „Gott befohlen“ heißt. Am deutlichsten wird die theologische Dimension des Grußes in dem gottesdienstlichen Wechselgruß „Der Herr sei mit euch!“ – „Und mit deinem Geiste!“ Aber der Gruß hat auch etwas zutiefst Menschliches. Das wird deutlich an dem ersten Wort des Auferstandenen nach Matthäus: „Seid gegrüßt!“

Wieder ergreift sie Entsetzen und Freude zugleich. Sie werfen sich vor Jesus nieder, ergreifen seine Füße. Er ist ihnen ganz nahe, unheimlich nahe, und doch ist ihnen dieses nicht nur Anlass zur Furcht, sondern auch zur Freude.

Wieder dieses „Fürchtet euch nicht!“ Und man möchte hinzufügen: „Siehe, ich verkündige euch große Freude.“ Die Frauen erhalten einen Auftrag. Sie sollen zu den Brüdern Jesu gehen. Vielleicht steht dahinter der 22. Psalm: „Verkünden will ich deinen Namen den Brüdern.“ Nach aller Erfahrung des Todes, nach allen Feindseligkeiten, nach aller Furcht, ist jetzt die Zeit zum Aufatmen, zum Singen der Osterlieder, zur Vorbereitung anderer Menschen auf die Begegnung mit dem Auferstandenen.

Ich halte die Übersetzung sowohl aus dem Hebräischen als auch aus dem Griechischen für eine Verkürzung: Das Masculinum Plural kann auch die Frauen mit einschließen. Dann heißt es: „Verkünden will ich deinen Namen den Geschwistern." Und nach Jesu Willen sollen die Frauen zu den Geschwistern Jesu gehen. Da ist keiner ausgeschlossen. Für alle wird Ostern; für alle ist Jesus auferstanden, uns zu Hoffnung. „Frohe Ostern!" Amen.

Nachtwanderung (Mk 1,32-34)

Predigt über am 30. Oktober 2011 um 10 Uhr in St. Marien Hamburg Fuhlsbüttel

---

Mk 1,32 Am Abend aber, als die Sonne untergegangen war, brachten sie zu ihm alle Kranken und Besessenen.
33 Und die ganze Stadt war versammelt vor der Tür.
34 Und er half vielen Kranken, die mit mancherlei Gebrechen beladen waren, und trieb viele böse Geister aus *und ließ die Geister nicht reden; denn sie kannten ihn.*

Liebe Gemeinde, liebe Tauf-Familie,

1.

früher gab es in den Taufordnungen einen merkwürdigen Teil: die abrenuntiatio diaboli, die Absage an den Teufel, auch als Exorzismus bezeichnet. Mit Recht hat man diesen Teil aus dem Ablauf der Taufe von Kindern ausgeklammert. Wie soll ein Kind bewusst dem Bösen abschwören? Und wird mit dem Exorzismus nicht viel zu viel Missbrauch getrieben? Sollte er da noch länger Bestandteil des Ablaufs eines Taufgottesdienstes sein können?

Bei Erwachsenentaufen ist diese Absage an das Böse aber weiterhin vorgesehen:
„Sagst du ab dem Bösen/Satan und all seinem Werk und Wesen?“ Und dann wird von der oder dem zu Taufenden die Antwort erwartet: „Ja, ich sage ab.“

Wenn ich diesen Gedanken nun in meiner heutigen Predigt unmittelbar *nach* der Taufe von Janne Klara aufgreife, dann hat das mehrere Gründe: Einmal ist die Austreibung von Dämonen durch Jesus heute Predigttext. Und zum andern meine ich, wir kommen der Bedeutung der Taufe in ihrer Tiefe nahe, wenn wir diesen Gedanken an das Böse nicht ausklammern. Das Böse, personifiziert: der Böse stellt eine Gefährdung unseres Lebens dar, auch schon des Lebens eines Kindes. Ich kann Paten und Taufzeugen gut verstehen, wenn sie sagen: „Wir wollen für das Kind da sein, wenn ihm etwas zustößt.“ Keiner wünscht das, und mir liegt es fern, an allen Ecken und Winkeln des Lebens das Böse lauern zu sehen. Das Böse, das uns einfach überfällt, ebenso wie das Böse, dem wir uns ausliefern. Da Menschen zu haben, Paten, Freunde, Verwandte, eine Gemeinde, da von Gottes Liebe umhüllt zu sein wie durch das Wasser der Taufe, das ist lebenswichtig, das gibt Kraft zu dem Entschluss: „Wir wollen gemeinsam dafür sorgen, dass Janne Klara nichts Böses zustößt.“

2.

Aber der Reihe nach. Hören wir zunächst auf den Predigttext für den heutigen Sonntag, Markus 1,32-34:

32 Am Abend aber, als die Sonne untergegangen war, brachten sie zu Jesus alle Kranken und Besessenen.
33 Und die ganze Stadt war versammelt vor der Tür.
34 Und er half vielen Kranken, die mit mancherlei Gebrechen beladen waren, und trieb viele böse Geister aus *und ließ die Geister nicht reden; denn sie kannten ihn.*

Diese drei Verse stehen in der Bibel in einem größeren Zusammenhang. Sehr behutsam führt uns der Evangelist Markus an Jesus heran. Am Anfang seines Auftretens steht seine Taufe durch Johannes den Täufer. Der Himmel tut sich auf, der Heilige Geist kommt auf Jesus herab. Eine Stimme sagt Jesus zu: „Du bist mein lieber Sohn, an dir habe ich Wohlgefallen." Das ist wichtig für Janne Klara, dass sie bei ihrer Taufe persönlich angesprochen wurde. Das ist wichtig, dass ihr gesagt wird: „Du bist meine liebe Tochter, ich mag dich." Das ist wichtig, dass wir als Erwachsene aus dieser Zusage leben und das Janne Klara immer wieder vermitteln: „Du gehörst zu einer Gemeinschaft der Getauften, und zu dieser Gemeinschaft gehört auch Jesus." Sie, liebe Frau Rudschinat, engagieren sich in dieser Gemeinschaft in besonderer Weise als Mitglied des Kirchenvorstandes und der Kantorei. Diese Gemeinschaft ist geprägt von der Liebe Gottes. Kinder haben ein feines Gespür dafür, ob sie geliebt sind.

Jesus selbst ist getauft worden. Er war damals schon dreißig Jahre alt, aber für die Taufe ist man nie zu alt. Es gibt in der langen Geschichte der Kirche nicht wenige Menschen, die sich erst auf dem Sterbebett haben taufen lassen.

Und: Als Jesus getauft war, ist er dem Bösen nicht ausgewichen. Er hat sich dem Teufel gestellt, als der Teufel ihn versuchte. Er hat dem Teufel widerstanden. Aber damit war das Böse nicht aus der Welt. Immer wieder wurden Menschen vom Teufel in Besitz genommen, vom Teufel besetzt, von dieser bösen Macht.

3.

„Am Abend aber, als die Sonne untergegangen war, brachten sie zu Jesus alle Kranken und Besessenen."

Weswegen diese Szene auf den Abend nach Sonnenuntergang gelegt wird, wird nicht gesagt. Dämonen sind ja so etwas wie Hausbesetzer, wie Okkupanten, wie Seelenbesetzer. Sie kommen besonders gern bei Nacht, brechen ein, nehmen von unserer Seele Besitz, von unseren Träumen.

Oder geschieht dies alles im Dunklen, damit niemand davon Notiz nimmt? In jedem Fall: Jesus wirkt im Dunklen, auch im Dunklen, gerade im Dunklen. Und diejenigen, die die Kranken und Besessenen zu Jesus bringen, haben auch keine Angst vor der Nacht, vor der Dunkelheit, vor der Zukunft.

Sie wissen das aus der Begleitung Ihrer Kinder, wie wichtig das ist, sie auf die Nacht vorzubereiten, sie zur Ruhe zu bringen, sie Gott anzuvertrauen, sie Jesus Christus anzuvertrauen, mit ihnen noch einmal den Tag durchzugehen, mit ihnen zu beten, sie zu segnen. Ihnen das Gefühl zu geben: Wir alle sind von Gott geliebte Kinder. Auch die Kranken.

4.

Nicht alle, die zu Jesus gebracht werden, sind besessen. Von den Besessenen werden andere Kranke unterschieden. Von ihren Gebrechen ist die Rede. Von ihrer schwindenden Kraft für den aufrechten Gang. Von ihrer Hinfälligkeit. Von ihrer Zerbrechlichkeit. Auch der Zerbrechlichkeit ihrer Seele. Sie alle werden zu Jesus gebracht, ohne Unterschied. Ja: „Die ganze Stadt war vor der Tür."

Und das sollte nicht ruchbar geworden sein? Das sollte nicht Aufsehen erregt haben?
Die ganze Stadt macht sich auf zu einer Nachtwanderung vor das Haus, in dem Jesus sich aufhält. Und wie nicht nur die Pädagogen unter uns wissen, können Nachtwanderungen an sich schon etwas Beruhigendes haben, Ängste nehmen, von Angstbesetztheit befreien.

Aber der Evangelist Markus hat dann noch einmal seinen eigenen Kopf und setzt eigene Akzente. Plötzlich wird in dieser Geschichte das Wort „alle" ersetzt durch das Wort „viele": „Und Jesus half *vielen* Kranken, die mit mancherlei Gebrechen beladen waren, und trieb *viele* böse Geister aus." Diese Einschränkung entspricht menschlicher Erfahrung: Jesus heilt nicht alle Krankheiten, er treibt nicht alle bösen Geister aus, aber er heilt *viele* Krankheiten und treibt *viele* böse Geister aus. Jesus stellt sich ihnen entgegen.

Luther übersetzt: „Er *half* vielen Kranken." Und nicht: „Er *heilte* viele Kranke." Es ist ein Unterschied, ob jemand geheilt ist, oder ob jemand wieder auf die Beine gestellt worden ist. Der griechische Urtext spricht nicht von Heilung, sondern von Wiederherstellung. Jesus stellt die Kranken, die Besessenen wieder auf die Beine. Er gibt ihnen ihre Selbstständigkeit wieder. Das ist ein wichtiges Erziehungsziel, dass Sie Ihre Tochter zu einem selbstständigen Leben führen, dass sie eigenes Leben lernt, eigenen Glauben. Obwohl sie ja mit ihren 19 Monaten schon deutlich Gebrauch von ihren Beinen und Füßen macht und ihre Bewegungen deutlich mehr sind als nur Gehversuche. Besonders Sie, lieber Herr Rudschinat, waren als Hausmann für Ihre Tochter eine wichtige Hilfe auf diesem Weg in ein selbstständiges Leben.

5.

Zum Schluss der drei Verse aus dem Markusevangelium folgende Bemerkung:

und Jesus ließ die Geister nicht reden; denn sie kannten ihn.

Der Schluss dieser Geschichte hätte ja auch ganz anders sein können. Da hätten die Geister, da hätte der Teufel, da hätte das Böse überhaupt ihre Niederlage eingestehen und Jesus ganz groß heraus kommen lassen können. Jesus lässt das nicht zu. Er lässt auch nicht zu, dass die Anwesenden, die Wieder-auf-die-Beine-Gekommenen zum Zuge kommen mit ihren Lobeshymnen auf Jesus. Stattdessen Schweigen. Und darin eine ganz große Souveränität Jesu: Jesus ließ die Geister nicht reden. Er bleibt Mensch, auch nach allem, was an Großartigem geschehen ist. Er bleibt der, der zuhören kann, der sich zuwendet, der Menschen berührt, sie innerlich anrührt, sie segnet. Er bleibt der, der Menschen umhüllt mit seiner Liebe – wie mit dem Wasser der Taufe.

Man hat dies in der Bibelwissenschaft als das Messiasgeheimnis Jesu bezeichnet. Er hüllt das, was er ist, sagt und tut, in ein Geheimnis. Wer Ohren hat zu hören, wer Augen hat zu sehen, wer ein Herz hat, sich zu öffnen, ahnt zwar, dass sich hinter diesem Jesus etwas Besonderes verbirgt. Aber es wird nicht gleich in alle Welt hinausposaunt. Da bleibt ein geschützter Raum, da bleibt eine Intimität, da bleibt Platz für Menschen, die in der Begegnung mit Jesus wieder auf die Beine kommen, da bleibt Platz für ein Geheimnis.

Das ist mein Wunsch insbesondere für Janne Klara, dass sie Jesus so erfährt. Das ist mein Wunsch für uns alle, dass wir Jesus so erfahren. So gestärkt, können wir unseren Weg gehen. Durch einen Tauftag, durch eine neue Woche, durch den Reformationstag, durch ein ganzes Leben. Amen.

Narren um Christi willen (2. Kor 12,1-9)

Predigt am 12. Februar 2012 um 10 Uhr in St. Marien Hamburg-Fuhlsbüttel

---

2. Kor 12,1 Gerühmt muß werden; wenn es auch nichts nützt,
so will ich doch kommen auf die Erscheinungen und Offenbarungen des Herrn.
2 Ich kenne einen Menschen in Christus;
vor vierzehn Jahren - ist er im Leib gewesen?
ich weiß es nicht; oder ist er außer dem Leib gewesen?
ich weiß es auch nicht; Gott weiß es -,
da wurde derselbe entrückt bis in den dritten Himmel.
3 Und ich kenne denselben Menschen
- ob er im Leib oder außer dem Leib gewesen ist,
weiß ich nicht; Gott weiß es -,
4 der wurde entrückt in das Paradies
und hörte unaussprechliche Worte, die kein Mensch sagen kann.
5 Für denselben will ich mich rühmen;
für mich selbst aber will ich mich nicht rühmen,
außer meiner Schwachheit.
6 Und wenn ich mich rühmen wollte,
wäre ich nicht töricht; denn ich würde die Wahrheit sagen.
Ich enthalte mich aber dessen, damit nicht jemand mich höher achte,
als er an mir sieht oder von mir hört.
7 Und damit ich mich wegen der hohen Offenbarungen nicht überhebe,
ist mir gegeben ein Pfahl ins Fleisch,
nämlich des Satans Engel, der mich mit Fäusten schlagen soll,
damit ich mich nicht überhebe.
8 Seinetwegen habe ich dreimal zum Herrn gefleht,
daß er von mir weiche.
9 Und er hat zu mir gesagt: „Dir reicht meine Gnade;
denn meine Kraft ist in den Schwachen mächtig.“
Darum will ich mich am allerliebsten rühmen meiner Schwachheit,
damit die Kraft Christi bei mir wohne.

Liebe Gemeinde,

1.

„Meine Kraft ist in den Schwachen mächtig“ – so lautet die Jahreslosung für das Jahr 2012, und genau dieses Wort steht auch in dem Predigttext für den heutigen Sonntag aus dem 2. Korintherbrief. Die zurückliegenden sechs Wochen des Jahres 2012 haben Gelegenheit gegeben, über dies Wort nachzudenken, es in den Zusammenhang unseres Lebens je für uns privat und in unseren Lebensumfeldern zu stellen, Kraft daraus zu schöpfen in Schwächeperioden: „Meine Kraft ist in den

Schwachen mächtig." Schwächeperioden persönlich, in der Familie, im Beruf, in der Gemeinde, in der Kirche überhaupt, in Staat und Gesellschaft nicht zuletzt auch.

Wie sind wir mit den Schwächen anderer bis hin zu dem Inhaber des Spitzenamtes in unserem Staat umgegangen? Haben wir uns plötzlich ganz stark gefühlt? Hat sich das Gefühl von Schwäche urplötzlich umgekehrt in sein Gegenteil?

2.

Es wäre eine Verkürzung der Jahreslosung, wollten wir sie nur so hören. Es geht um die Kraft Gottes, genauer: um die Kraft Christi, von Paulus als „der Herr" bezeichnet; es geht darum, dass wir die Losung nicht nur auf unseren Lebenszusammenhang beziehen, sondern den Gottesbezug, nein, den Christusbezug immer mit lesen und mit hören: „Meine Kraft, also die Kraft Christi, ist in den Schwachen mächtig." Unmittelbar vorher sagt er: „Lass dir an meiner Gnade genügen."

3.

Aus Gottes Gnade, aus Christi Gnade leben. Die eigenen Schwächen annehmen, aber auch mit den eigenen Stärken umgehen können. Eine Zumutung? Der Apostel Paulus meint, nein. Eine noch genauere Übersetzung lautet: „Dir reicht meine Gnade." Paulus hat sich das von Christus sagen lassen. Er hat es weitergegeben: „Dir reicht meine Gnade." Du musst nicht mit deinen Schwächen kokettieren und erst recht nicht mit deinen Stärken. Du bist zufrieden mit der Gnade Gottes. Er nimmt dir nicht deine Schwächen, aber mitten darin lässt er dich eine Kraft erfahren, die sich als machtvoll für dein Leben erweist. Er nimmt dir auch nicht deine Stärken, sondern mitten in dem, was dich stark macht für dein Leben, kannst du erfahren, dass das nicht alles ist. Du kannst eine Kraft erfahren, die deine Stärken relativiert. Du kannst die Kraft Christi als Macht für dein Leben erfahren.

Paulus lässt uns teilhaben an seiner Lebenserfahrung mit dem Predigttext für heute:

2. Kor 12,1 Gerühmt muß werden; wenn es auch nichts nützt,
so will ich doch kommen auf die Erscheinungen und Offenbarungen des Herrn.
2 Ich kenne einen Menschen in Christus;
vor vierzehn Jahren - ist er im Leib gewesen?
ich weiß es nicht; oder ist er außer dem Leib gewesen?
ich weiß es auch nicht; Gott weiß es -,
da wurde derselbe entrückt bis in den dritten Himmel.
3 Und ich kenne denselben Menschen
- ob er im Leib oder außer dem Leib gewesen ist,
weiß ich nicht; Gott weiß es -,
4 der wurde entrückt in das Paradies
und hörte unaussprechliche Worte, die kein Mensch sagen kann.
5 Für denselben will ich mich rühmen;
für mich selbst aber will ich mich nicht rühmen,
außer meiner Schwachheit.

6 Und wenn ich mich rühmen wollte,
wäre ich nicht töricht; denn ich würde die Wahrheit sagen.
Ich enthalte mich aber dessen, damit nicht jemand mich höher achte,
als er an mir sieht oder von mir hört.
7 Und damit ich mich wegen der hohen Offenbarungen nicht überhebe,
ist mir gegeben ein Pfahl ins Fleisch,
nämlich des Satans Engel, der mich mit Fäusten schlagen soll,
damit ich mich nicht überhebe.
8 Seinetwegen habe ich dreimal zum Herrn gefleht,
daß er von mir weiche.
9 Und er hat zu mir gesagt: „Dir reicht meine Gnade;
denn meine Kraft ist in den Schwachen mächtig."
Darum will ich mich am allerliebsten rühmen meiner Schwachheit,
damit die Kraft Christi bei mir wohne.

Man hat diese Worte aus dem 2. Korintherbrief als „Narrenrede" bezeichnet. Tatsächlich sagt Paulus dies auch gleich im Anschluss: „Ich bin ein Narr geworden über dem Rühmen." Also doch eine Rede, die so ganz ernst nicht zu nehmen ist? Oder doch grundsätzlicher, wie Paulus es in dem *ersten* Brief an die Korinther sagt: „Wir sind Narren um Christi willen."

Vielleicht ist es ein Bisschen von allem. Eben Humor, Bereitschaft, sich selbst auf die Schippe zu nehmen, nicht so bierernst, nicht so tierisch ernst. Also ein Thema, das so recht in diese fünfte Jahreszeit, in die Narrenzeit hineinpasst? Aber wer mehr auf hanseatisches Understatement hält, kommt auch auf seine Kosten. (Und wenn es auch nur die närrische Freude angesichts des Sieges des HSV über den 1. FC Köln ist.)

Liebe Gemeinde, ich bin nun alles andere als geeignet für einen Büttenredner. Das Karnevalsfeiern überließen wir in meiner Heimat den katholischen Nachbarn. Aber mit den total sittenstrengen Calvinisten hielten wir Lutheraner in unserem Dorf es auch nicht so sehr. Wir erlebten und lebten vielmehr lutherische Freiheit. Und genau das ist es wohl, das den Apostel Paulus dazu treibt, so eigenständig, so unbefangen und so unabhängig zu reden. Paulus nimmt sich auf die Schippe und gleichzeitig die Menschen in Korinth, die mit ihren religiösen Fähigkeiten und Fertigkeiten angeben, protzen. Was haben sich da nicht alles für Fähigkeiten angesammelt: Zungenrede, Prophetie, Krankenheilungen, Wunder, Berufungsgeschichten. Paulus könnte auf sein Damaskuserlebnis hinweisen oder auf andere ekstatische Erlebnisse. Er klammert sie nicht ganz aus, sondern lässt sie hinter einem Schleier von Wortfetzen verschwinden. Dreimal die Formulierung „Ich weiß es nicht, ich weiß nicht, ich weiß nicht" – wie Wortfetzen, die man in der U-Bahn mitbekommt: „Ich weiß nicht" „Keine Ahnung, keine Ahnung, keine Ahnung."

Paulus nimmt damit die Korinther auf die Schippe. Er bezeichnet seine Gegner sogar als „Überapostel", als „Superapostel". Natürlich ist ihm das wichtig, dass er besondere Erlebnisse mit Gott, mit Jesus Christus gehabt hat. Natürlich hat ihn das beflügelt und es ihm ermöglicht, trotz seiner gesundheitlichen Handicaps die großen Reisen durch Kleinasien und Griechenland, durch die Inselwelt des Mittelmeers zu machen, um die frohe Botschaft von Jesus Christus zu verbreiten. Aber hier, auf dem Markt der Möglichkeiten religiöser Vielfalt in Korinth, stellt Paulus das alles zurück.

4.

Paulus versucht, seine Zuhörerinnen und Zuhörer mit auf einen Weg zu nehmen. Er tut dies mit dem Wort „rühmen“. In immer neuen Schattierungen schafft es sich Raum, fünfmal in den neun Versen:

Gerühmt muß werden; wenn es auch nichts nützt,

5 Für denselben will ich mich rühmen;
für mich selbst aber will ich mich nicht rühmen,

6 Und wenn ich mich rühmen wollte,
wäre ich nicht töricht; denn ich würde die Wahrheit sagen.

9b Darum will ich mich am allerliebsten rühmen meiner Schwachheit,
damit die Kraft Christi bei mir wohne.

Da haben wir es, darum geht es, dass Christus gerühmt werde, dass er gepriesen und groß gemacht werde durch uns. Dazu haben wir nichts aufzuweisen als unsere Schwachheit und die Kraft Christi mitten in unserer Schwachheit. Wir können uns so geben, wie wir sind. Wir müssen nicht die Muskeln unserer tollen Fähigkeiten spielen lassen, auch nicht die Muskeln alles dessen, was wir in dieser Gemeinde zustande bringen. Wir können verzichten auf den Ratschlag: „Tue Gutes und sprich darüber.“ Das alles sieht Christus. Doch er stellt es in den richtigen Zusammenhang: „Dir genügt doch meine Gnade.“ Paulus lässt Christus sprechen. Es ist so, als wenn er da ein ganz wichtiges Wort seines Herrn Jesus Christus zitiere, als wenn Christus dieses Wort auf seinem Erdenwege, am Kreuz und als Auferstandener zugleich gesprochen habe und spreche: „Dir genügt doch meine Gnade.“ Behutsam geht Paulus mit diesem Wort um, als wenn er dort das Wort eines Liebenden höre, auf das er mit seinem eigenen Liebeslied antworten könne – verhalten, zurückhaltend, diskret, wie das so ist unter Liebenden. Unter der Hand wird das Rühmen, das Eigenlob, zu etwas anderen: zum Liebeslied, zum Lobpreis Jesu Christi.

Und dann kannst du eine große Entdeckung machen: Christus selbst gibt dir die Kraft für das, was du in deinem Leben zustande bringst. Und er gibt dir auch Kraft, wenn du so rein gar nichts Rechtes mehr zustande bringst. Wenn du dich nur noch schwach fühlst, einem körperlichen und geistigen burnout ausgesetzt oder alt und gebrechlich, zerbrechlich.

5.

Christus erspart uns Anfechtungen nicht. Er scheut sich nicht, dafür einen Akteur ins Spiel zu bringen: den Teufel, Satan oder Satans Engel. Paulus hat erfahren, wie der Engel Satans auf ihn eingeschlagen hat. Er hat diese Auseinandersetzung erlebt wie Jakob in seinem Kampf am Jabbok. Wie da gefochten wurde und Anfechtungen erlebt wurden. Er hätte aufschreien mögen wie Jakob: „Ich lasse dich nicht, du segnest mich denn." Doch sein Gebet nahm eine andere Richtung. Paulus schrie, er flehte dreimal zum Herrn, zu Christus, dass der Satan von ihm weiche. Und er hörte das Wort ganz neu: „Dir genügt doch meine Gnade." Es ist so, als wenn die Geschichte von der Versuchung Jesu durch den Teufel nachklinge. Dreimal widersetzte sich Jesus den verführerischen Vorschlägen des Teufels. Darauf konnte sich Paulus berufen. Das ließ ihn zu Christus flehen. Da spielten Überlegungen keine Rolle, ob man denn als Christ vom Teufel sprechen könne, oder ob man lieber von der dunklen Seite Gottes sprechen solle. Immerhin hatte sich ja auch Jakob am Jabbok Gott zugewendet, einem dunklen Gott, der ihn segnete und zugleich zeichnete.

Christus erspart uns Schläge nicht. Er erspart uns nicht Zeiten des Niedergeschlagenseins und Zeiten des Angeschlagenseins. Aber er lässt uns in solchen Zeiten nicht allein. Mir hat vor Jahren eine ehrenamtliche Mitarbeiterin erzählt, wie sie bei der Geburt ihres dritten Kindes auf Leben und Tod lag, und wie sie Gott ganz neu entdeckt habe durch ein Kruzifix in ihrem Krankenzimmer. „Dir genügt doch meine Gnade. Die Kraft kommt in der Schwachheit zum Ziel." Unter der Hand hat die Jahreslosung einen neuen Wortlaut angenommen: „Die Kraft kommt in der Schwachheit zum Ziel." Die Kraft Christi. Amen.

Ruf zur Freude (Phil 1,15-23)

Predigt am 18. März 2012 (Laetare) um 10 Uhr in Maria Magdalenen Hamburg Klein-Borstel

---

Phil 1,15 Einige zwar predigen Christus aus Neid und Streitsucht, einige aber auch in guter Absicht:
16 diese aus Liebe, denn sie wissen, daß ich zur Verteidigung des Evangeliums hier liege;
17 jene aber verkündigen Christus aus Eigennutz und nicht lauter, denn sie möchten mir Trübsal bereiten in meiner Gefangenschaft.
18 Was tut's aber? Wenn nur Christus verkündigt wird auf jede Weise, es geschehe zum Vorwand oder in Wahrheit, so freue ich mich darüber. Aber ich werde mich auch weiterhin freuen;
19 denn ich weiß, daß mir dies zum Heil ausgehen wird durch euer Gebet und durch den Beistand des Geistes Jesu Christi,
20 wie ich sehnlich warte und hoffe, daß ich in keinem Stück zuschanden werde, sondern daß frei und offen, wie allezeit so auch jetzt, Christus verherrlicht werde an meinem Leibe, es sei durch Leben oder durch Tod.
21 Denn Christus ist mein Leben, und Sterben ist mein Gewinn.

Liebe Gemeinde,

Laetare – freue dich – so heißt der heutige Sonntag. Ein Aufruf zur Freude, mitten in der Passionszeit, mitten in dieser Zeit, in der eigentlich nicht die Freude, sondern das Leid, das Leiden Christi im Mittelpunkt des kirchlichen Kalenders steht. Freude in einem ganz tief verstandenen und empfundenen Sinne. Freude, die, so verstanden, denn auch die Freude darüber anschließt, dass wir in wenigen Stunden endlich wieder einen Bundespräsidenten haben und der um sich greifenden Schadenfreude über den Vorgänger ein Ende bereitet wird.

Auch innerhalb der Briefe des Apostels Paulus gibt es einen Brief, der mit seinem Ruf zur Freude fast wie ein Fremdkörper wirkt, sein Brief an die Gemeinde in Philippi im Osten von Makedonien an der Nordküste der Aegaeis, 160 Kilometer östlich von Thessalonich, dem heutigen Saloniki. Am bekanntesten unter den Rufen zur Freude an die Mitglieder der Gemeinde in Philippi ist Phil 4,4:

Freut euch in dem Herrn allewege, und abermals sage ich: Freut euch! Der Herr ist nahe.

Es gibt kein Kapitel in diesem Brief, in welchem nicht das Wort Freude oder Sich freuen gebraucht würde: fünfmal das Wort Freude, sechsmal Sich freuen, einmal das Wort Freudigkeit und einmal das Wort fröhlich, nicht zuletzt achtmal das Wort Evangelium, frohe Botschaft – und das alles in nur vier Kapiteln.

Es ist so, als wenn der Paulus-Kenner unter den Evangelisten, Lukas, diesen Ruf wahrgenommen habe. Nicht ohne Grund hat Helmut Gollwitzer seiner Auslegung des Lukasevangeliums den Titel gegeben: „Die Freude Gottes." Am bekanntesten sind die drei Gleichnisse vom Verlorenen, vom verlorenen Schaf, dem verlorenen Groschen und dem verlorenen Sohn; sie enden alle mit der Freude über das Wiedergefundene, ganz zu schweigen von der Weihnachtsgeschichte des Lukas: „Siehe, ich verkündige euch große Freude, die allem Volk widerfahren wird.“

Mich bewegen diese Rufe zur Freude auch ganz persönlich; denn vor 56 Jahren habe ich folgenden Konfirmationsspruch mit auf den Weg meines Lebens bekommen: „Freut euch aber, dass Eure Namen im Himmel geschrieben sind.“ Wieder dieser Ruf zur Freude an eine Gemeinschaft.

2.

Wenn dieser vielfache Ruf zur Freude in der Advents- und Weihnachtszeit laut wird, dann gehört das irgendwie dazu: „Tochter Zion, freue dich, jauchze laut, Jerusalem.“ „Fröhlich soll mein Herze springen dieser Zeit, da vor Freud alle Engel singen,“ „O du fröhliche – freue dich, o Christenheit!“ Und dann natürlich auch zu Ostern: „Wir wollen alle fröhlich sein in dieser österlichen Zeit.“ „Christ ist erstanden von der Marter allen – des soll‘n wir alle froh sein.“ Aber in der Passionszeit? Erst recht an diesem Sonntag nach dem schrecklichen Autobus-Unfall in der Schweiz: Da will dieser Ruf zur Freude nur in sehr gebrochener Form passen. Aber vielleicht spricht uns diese gebrochene Form des Rufs zur Freude umso stärker persönlich an, mitten in Gebrochenheiten, Gebrechlichkeiten und Zerbrechlichkeiten unseres Lebens. Und zu diesen Zerbrechlichkeiten kann auch das Leben einer Gemeinde gehören. Vielleicht spricht uns der Predigttext für heute in diesen Gefühlslagen in besondere Weise an. Er stammt aus dem Brief des Apostels Paulus an die Philipper im 1. Kapitel:

1,15 Einige zwar predigen Christus aus Neid und Streitsucht, einige aber auch in guter Absicht:
16 diese aus Liebe, denn sie wissen, daß ich zur Verteidigung des Evangeliums hier liege;
17 jene aber verkündigen Christus aus Eigennutz und nicht lauter, denn sie möchten mir Trübsal bereiten in meiner Gefangenschaft.
18 Was tut's aber? Wenn nur Christus verkündigt wird auf jede Weise, es geschehe zum Vorwand oder in Wahrheit, so freue ich mich darüber. Aber ich werde mich auch weiterhin freuen;
19 denn ich weiß, daß mir dies zum Heil ausgehen wird durch euer Gebet und durch den Beistand des Geistes Jesu Christi,
20 wie ich sehnlich warte und hoffe, daß ich in keinem Stück zuschanden werde, sondern daß frei und offen, wie allezeit so auch jetzt, Christus verherrlicht werde an meinem Leibe, es sei durch Leben oder durch Tod.
21 Denn Christus ist mein Leben, und Sterben ist mein Gewinn.

Paulus schreibt diese Zeilen aus dem Gefängnis in Ephesus in Kleinasien, der heutigen Türkei. Er führt uns ein ganzes Kaleidoskop von Predigern des Evangeliums vor Augen mit ihren menschlichen Schwächen und Stärken. Unter Predigern des Evangeliums bleibt das nicht aus: Neid und Missgunst. Zu dem oder zu der kommen mehr Menschen in den Gottesdienst, Menschen, von denen ich mir wünschen würde, dass sie auch einmal bei mir erschienen. Ich muss denken an zwei Pastoren der evangelischen Trinitatis-Gemeinde in Warschau. Sie konnten einander einfach nicht ausstehen. Als sie gestorben waren, errichtete man ihnen zu Ehren – sie waren bedeutende Prediger gewesen – auf dem evangelischen Friedhof lebensgroße Standbilder – doch Rücken an Rücken. – Daneben gibt es die liebevollen, einfühlsamen Prediger, die friedliebenden, uneitlen.

Paulus war selber Prediger, nicht ohne Eitelkeiten. Zu meiner großen Überraschung beteiligt er sich an dem Pastoren-Gezänk. Sein Brief aus dem Gefängnis bleibt weit hinter den Gefängnisbriefen Dietrich Bonhoeffers zurück, hinter diesem Thema „Widerstand und Ergebung", unter welchem diese Briefe veröffentlicht worden sind.

Paulus scheint nur darauf zu blicken, wie seine Prediger-Konkurrenten auf ihn wirken: als neidische, missgünstige, dann auch wieder als liebevolle Menschen. Als wenn sich alles nur darum drehe, ob diese Predigten vorteilhaft für den Gefangenen Paulus oder ungünstig für ihn sind.

Paulus bezieht hier im Gefängnis eine Position, als wenn er sagen wollte: „Ohne mich geht es nicht."

Man muss sich wundern, dass dieser Brief überhaupt das Gefängnis verlassen konnte. Hatte die Predigt des Evangeliums auch in Ephesus so positiv selbst bei den Gefängniswärtern gewirkt, dass Briefe des Apostels Paulus an die Außenwelt gelangen konnten? Dies vielleicht sogar so unproblematisch, dass sie nicht einmal in die Form eines Kassibers gebracht werden mussten?

3.

Doch Paulus kommt schließlich doch zum eigentlichen Thema. Trotz aller Unterschiede, trotz aller Spannungen, trotz aller Eifersüchteleien eint die Prediger doch eins: Das Evangelium, die frohe Botschaft: „Wenn nur Christus verkündigt wird auf jede Weise, …, so freue ich mich darüber." Mitten im Gefängnis wird er ergriffen von der Freude an Gott. Diese Freude bestimmt seine Gedanken an die Zukunft. Er weiß sich der Gemeinde in Philippi verbunden, die für ihn betet. Er weiß sich Gott verbunden, der ihm durch den Geist Jesu Christi beisteht. Der Prediger selbst wird Bestandteil der frohen Botschaft. Der Prediger mit seinen menschlich-allzu menschlichen Charaktereigenschaften. Der Prediger mit seinen Befangenheiten, seinen Unzulänglichkeiten. Der Prediger wird trotz allem zum Teil seiner Botschaft. In aller Brüchigkeit und Zerbrechlichkeit seines Lebens, aber auch in allen Begabungen wird er zu einem, der Christus verherrlicht. Nicht einmal immer mit Worten, sondern einfach dadurch, dass er da ist, dass er zuhören kann, aktiv zuhören kann. Dass er sich hineinversetzen kann in die Situation von Menschen.

4.

Ich habe mir überlegt: Denkt Paulus hier nicht immer noch zu sehr über sich selbst, über sein Schicksal, über seinen Glauben, über seine Zukunft nach? Ich meine, nein. Liebe Gemeinde, ich glaube, das ist einfach wichtig, dass der Prediger des Evangeliums im Nachdenken über das, was er tut und was er ist, zu sich selbst findet, um auf diese Weise auch zu den Menschen zu finden, denen seine frohe Botschaft gilt.

Die Zukunft des Apostels Paulus kann darin bestehen, dass er aus dem Gefängnis kommt, dass er frei wird. Aber sie kann auch darin bestehen, dass er den Märtyrertod erleidet. In beidem meint er Christus verherrlichen zu können.

Hier kommt Paulus denn doch auf das Niveau der Gefängnisbriefe Dietrich Bonhoeffers. Aber genau hier stellt sich für uns die Frage: „Ist das für uns nicht ein bisschen zu hoch angesetzt? Wir möchten doch nicht Märtyrer werden und sehen in Deutschland auch keinerlei Veranlassung dazu." Trotzdem: Die Situation von Menschen in Gefängnissen in aller Welt lässt uns nicht kalt. Amnesty International nimmt die Passionszeit zum Anlass für eine Aktion „Sieben Wochen für die Menschenrechte". Am Ausgang liegt Informationsmaterial bereit und ein Petitionsbrief, den Sie unterschreiben können.

Aber unser Blick fällt auch auf die Gefängnisse unseres Lebens. Eine Krankheit engt uns ein. Tägliche Verpflichtungen lassen uns nicht die Freiheit erleben, nach der wir uns sehnen. Doch dann findet Paulus zu einem Lebens- und Sterbensbekenntnis, das große Wirkung gehabt hat:

Christus ist mein Leben, und Sterben ist mein Gewinn.

Oder als Kirchenlied:

Christus, der ist mein Leben; Sterben ist mein Gewinn.

Ich muss denken an eine Freundin, die vor dreißig Jahren an Krebs gestorben ist. Sie war tief gläubig, sie war ein zutiefst fröhlicher Mensch. Sie hatte an ihrem Krankenhaus-Bett einen Cassetten-Recorder (heute wäre es ein CD-Player) und spielte uns einen Teil der Bach-Kantate vor: „Christus, der ist mein Leben, Sterben ist mein Gewinn." Mir wurde deutlich: Auch ein solches Sterben, auch ein solcher Tod kann ein Märtyrer-Tod sein. Der Tod eines Menschen, der mit seinem Sterben zu einem Hinweis auf Jesus Christus wird und sich so zu Jesus Christus bekennt.

4.

Laetare – freue dich. Dieser Sonntag hat seinen Namen erhalten von einem Vers aus dem Schlusskapitel des Jesajabuches:

66,10 Freuet euch mit Jerusalem und seid fröhlich über die Stadt, alle, die ihr sie liebhabt! Freuet euch mit ihr, alle, die ihr über sie traurig gewesen seid.

In alten lateinischen Bibelübersetzungen findet man hier die direkte Anrede an Jerusalem: „Freue dich, Jerusalem" – wohl in Anlehnung an das „Tochter Zion, freue dich, jauchze laut, Jerusalem". Daher auch der Name für diesen Sonntag: Laetare, freue dich! In der hebräischen Bibel steht aber „Freut euch mit Jerusalem". Der Ruf zur Freude weitet sich. Er geht über unsere persönliche Befindlichkeit hinaus, ergreift uns als Christen, als Gemeinde und lässt sich in dieser Freude anstecken von der Freude Jerusalems. Das ist deutlich ein Ruf gegen die Verhältnisse. Es ist ein Ruf gegen die

Gefängnisse der Betonmauern und die Gefängnisse in den Betonköpfen. Es ist ein Ruf gegen alle selbsternannten Märtyrer und gegen alle sinnlosen Opfer, die sie mit sich in den Tod reißen. Es ist ein Ruf zur Freude, der von Jerusalem ausgeht. Ein Ruf gegen ein negatives Jerusalem-Bild und ein Ruf zur Mitfreude mit einem Jerusalem, in dem Jesus von den Toten auferstanden ist.

Laetare – ein Vorgeschmack auf Ostern mitten in der Passionszeit, „Klein-Ostern“, wie man diesen Sonntag auch bezeichnet hat. „Freue dich!“ Amen.

Merkwürdigkeiten (Apg 8,23-40)

Predigt am 15. Juli 2012 um 10 Uhr in der Hauptkirche St. Jacobi Hamburg

---

Apg 8,26 Der Engel des Herrn redete zu Philippus und sprach: „Steh auf und geh nach Süden auf die Straße, die von Jerusalem nach Gaza hinabführt und öde ist."
27 Und er stand auf und ging hin. Und siehe, ein Mann aus Äthiopien, ein Kämmerer und Mächtiger am Hof der Kandake, der Kögg Der Geist aber sprach zu Philippus: „Geh hin und halte dich zu diesem Wagen!"
30 Da lief Philippus hin und hörte, daß er den Propheten Jesaja las, und fragte: „Verstehst du auch, was du liest?"
31 Er aber sprach: „Wie kann ich, wenn mich nicht jemand anleitet?" Und er bat Philippus, aufzusteigen und sich zu ihm zu setzen.
32 Der Inhalt aber der Schrift, die er las, war dieser (Jesaja 53,7-8): »Wie ein Schaf, das zur Schlachtung geführt wird, und wie ein Lamm, das vor seinem Scherer verstummt,
so tut er seinen Mund nicht auf.
33 In seiner Erniedrigung wurde sein Urteil aufgehoben.
Wer kann seine Nachkommen aufzählen?
Denn sein Leben wird von der Erde weggenommen.«
34 Da antwortete der Kämmerer dem Philippus und sprach: „Ich frage dich: Von wem redet der Prophet das, von sich selber oder von jemand anderem?"
35 Philippus aber tat seinen Mund auf und fing mit diesem Wort der Schrift an und predigte ihm das Evangelium von Jesus.
36 Und als sie auf der Straße dahinfuhren, kamen sie an ein Wasser. Da sprach der Kämmerer: „Siehe, da ist Wasser; was hindert's, daß ich mich taufen lasse?"
(37 Philippus aber sagte ihm: „Wenn du von (deinem) ganzen Herzen glaubst, (ist es möglich), wirst du gerettet." Er aber antwortete ihm und sprach: „Ich glaube, dass Jesus Christus Gottes Sohn ist.")
38 Und er ließ den Wagen halten, und beide stiegen in das Wasser hinab, Philippus und der Kämmerer, und er taufte ihn.
39 Als sie aber aus dem Wasser heraufstiegen, entrückte der Geist des Herrn den Philippus, und der Kämmerer sah ihn nicht mehr; er zog aber seiner Straße fröhlich.

Liebe Gemeinde,

1.

„Er zog aber seiner Straße fröhlich." Dieser letzte Satz bettet die Geschichte von Philippus und dem äthiopischen Finanzminister in die Theologie des Lukas ein. Helmut Gollwitzer hat vor sechzig Jahren seinem Kommentar zum Lukasevangelium den Titel gegeben: „Die Freude Gottes." Die Weihnachtsbotschaft wird präsent: „Siehe ich verkündige euch große Freude, die allem Volk widerfahren wird." Die Freude der Frau über den wiedergefundenen Groschen, die Freude des Mannes über das wiedergefundene Schaf, die Freude des Vaters über den wiedergefundenen Sohn werden präsent. Im Lukasevangelium steht auch das schöne Wort: „Freut euch aber, dass eure Namen im Himmel geschrieben sind." Es ist mein Konfirmationsspruch.

Solche Prä-Texte im Sinne von Vor-Zeichen sind wichtig für unser Leben, für unsere Begegnung mit alten und neuen Bibeltexten. Sie prägen unser Vorverständnis.

So hat es auch in diesem Gottesdienst mit der Epistel und dem Evangelium zwei Prä-Texte gegeben, welche das Vorleben und Leben, auch das weitere Leben Getaufter beschreiben. „Dass auch wir in einem neuen Leben wandeln sollen" – diese Zielsetzung des Apostels Paulus in der heutigen Epistel zeugt von der Freude, die von der Taufe ausgeht. Das Evangelium hat diese Grundlage verstärkt. „Mir ist gegeben alle Gewalt im Himmel und auf Erden." „Ich bin bei euch alle Tage bis ans Ende der Welt." Worte, mit denen Jesus Christus die Taufe begründet.

Da ist so viel geballtes Evangelium, so viel frohe Botschaft, dass die Konsequenz nur zu natürlich ist: „Er zog seiner Straße fröhlich."

2.

Dennoch enthält die Geschichte von Philippus und dem äthiopischen Finanzminister viele Merkwürdigkeiten.

Erste Merkwürdigkeit: Philippus war einer der sieben Diakone um Stephanus gewesen. Stephanus war gesteinigt worden, erster Märtyrer. Eine tiefe Krise erfasste den Kreis um Stephanus. Jetzt aber tritt Philippus so auf, als wäre das alles nicht gewesen, er tritt auf wie ein Prediger, wie ein Schriftgelehrter, der behutsam die Bibel erschließt. So etwas lässt sich auch mit der erfolgsorientiertesten Zusatzausbildung nicht erreichen.

Zweite Merkwürdigkeit: Die wirtschaftlichen Schwierigkeiten der Urgemeinde in Jerusalem waren keineswegs behoben. Wo man hinschaute: auf die sozial niedriger Gestellten, die im klimatisch ungünstigen Ostteil der Stadt lebten, weil sie von Osten her die Wiederkunft des Messias erwarteten. Oder auf die vornehmeren Christen im Westteil der Stadt, die sich nach wie vor mehr zum Tempel und seinen Theologen hielten: Überall herrschte blanke Armut. Kollekten für Jerusalem wurden veranstaltet. Nicht immer waltete da Fingerspitzengefühl gegenüber den Verarmten. Man sollte eigentlich erwarten, dass Philippus, der diakonisch geschulte Vertreter der Urgemeinde im Osten der Stadt, in dem äthiopischen Finanzminister *die* Gelegenheit für die Klärung der Finanzen der Gemeinde und die Behebung der Finanzprobleme ergriffen hätte. Doch nichts von alledem.

Dritte Merkwürdigkeit: Der äthiopische Finanzminister wird im griechischen Text als Eunuchos, als Eunuch also bezeichnet, als Kastrierter, Verschnittener, Zeugungsunfähiger. Vielleicht wollte man durch die Berufung von Eunuchen verhindern, dass Pfründe des Finanzministers in dessen Familie weitervererbt wurden, statt beim Staat zu bleiben. Aber wie konnte dieser Eunuch auf die Idee kommen, eine Wallfahrt zum Tempel in Jerusalem zu machen, um dort zusammen mit den Beschnittenen, mit den Juden Gott anzubeten? Selbst wenn man annimmt, dass er zu den Gottesfürchtigen gehörte und damit in die Nähe des Judentums rückte: Sein Eunuchsein wird ein Hindernis für den gottesdienstlichen Kontakt mit den Juden gewesen sein. Muss er darüber nicht ganz traurig gewesen sein? Wie er von den Juden zurückgestoßen wurde? So fragen manche Ausleger. Aber ist eine solche Sicht des Judentums überhaupt angemessen?

Vierte Merkwürdigkeit: Der Finanzminister liest die Bibel, das Buch Jesaja. Aber in welcher Sprache? Hat er eine hebräische Schriftrolle vor sich? Das muss sehr umständlich gewesen sein, auf dem Wagen eine Schriftrolle auseinander zu rollen, selbst wenn man sich bei dieser hochgestellten Persönlichkeit Hilfskräfte vorstellt, die ihm die Schriftrolle hielten. Oder handelt es sich um die Übersetzung der hebräischen Bibel ins Griechische, die Septuaginta, die in Nordafrika entstanden war? Kann man so viel Bildung voraussetzen, dass der afrikanische Finanzminister des Griechischen mächtig war? Aber auch so: Wie soll das Lesen in einer Kutsche möglich sein, selbst wenn man sie sich als gut gefederte Staatskarosse vorstellt? Und: In welcher Sprache haben sich Philippus und der Finanzminister unterhalten? In der damals internationalen Sprache Griechisch? Oder war es einfach die Wirkung des Heiligen Geistes, dass sie sich verständigen konnten?

Fünfte Merkwürdigkeit: Längst bevor das Evangelium das Abendland erreicht hat, ist da schon ein Afrikaner getauft. Die äthiopische, die koptische Kirche führt sich auf diesen getauften Kämmerer zurück. Sollte es bei den Alten noch eine andere Vorstellung vom Ende der Welt gegeben haben als bei uns Westeuropäern, vom Ende der Welt in Afrika zum Beispiel und nicht nur im Westen des Mittelmeers, in Spanien also? Eine Vorstellung von einer Welt, die nicht an den Grenzen der heutigen Europäischen Union Halt machte?

Sechste Merkwürdigkeit: Die Taufe des äthiopischen Finanzministers wird einfach vollzogen, nachdem Philippus ihm das Alte und das Neue Testament ausgelegt hat. Das einzige, was von der Seite des Kämmerers her kommt, ist die Frage: „Was hindert's, dass ich mich taufen lasse?" Keine Hindernisse werden aufgebaut. Da wird auch kein kirchliches Anliegen geäußert, dass es zum Beispiel schön wäre, wenn er sich in der Gemeinde engagieren würde, zum Beispiel als Beede-Vorsitzender, übersetzt für die Nicht-Hamburger unter uns: als Vorsitzender des Finanzausschusses. Da wird auch nicht über die fälligen Kirchensteuern gesprochen. Sondern da wird das Unterwegssein als Chance ergriffen, die Bibel auszulegen und zu taufen: „Er zog seiner Straße fröhlich."

Liebe Gemeinde, schon sehr bald wurde dieses einfache Tauf-Geschehen als zu simpel empfunden. So wurde ein ganzer Vers in die Geschichte eingefügt, aber so spät und so offenkundig tendenziös, dass ich ihn in keiner Übersetzung der Bibel ins Deutsche gefunden habe, in der Lutherbibel nicht und in der Zürcher Bibel nicht, in der Einheits-Übersetznmg nicht und in der Bibel in gerechter Sprache nicht: Überall ist Vers 37 weggelassen, auch in der kritischen Ausgabe des Novum Testamentum Graece. Nur in einigen Handschriften des griechischen Neuen Testaments ist folgender Vers zu lesen:

„Philippus aber sagte ihm: ‚Wenn du von (deinem) ganzen Herzen glaubst, wirst du gerettet.' Er aber antwortete ihm und sprach: ‚Ich glaube, dass Jesus Christus Gottes Sohn ist.'"

Immerhin wird mit diesem hinzugesetzten Vers der Römerbrief des Apostels Paulus zitiert, Römer 10, Vers 9 und 10. Aber dies zeigt höchstens, dass das Glaubensbekenntnis schon zur Zeit des Apostels Paulus, also etwa vierzig bis fünfzig Jahre vor dem Evangelisten Lukas, zum Taufritual dazu gehörte. So ist es ja bis heute geblieben: Keine Taufe ohne Glaubensbekenntnis. Über all dies scheint Lukas großzügig hinweg zu gehen. Alles scheint Lukas darauf anzukommen, dass der äthiopische Finanzminister getauft wird und seiner Straße fröhlich ziehen kann. Durch einen gezielten Griff entreißt der Heilige Geist Philippus dem Geschehen. Auf Philippus warten andere Aufgaben.

3.

Liebe Gemeinde, nach der Aufzählung dieser Merkwürdigkeiten dürfte auch die Frage bei uns angekommen sein: „Verstehest du auch, was du liesest? Verstehst du auch, was du da hörst?“ Es ist für uns Hörer oder Leser eines Abschnitts aus der Apostelgeschichte auch die Frage des Verfassers, die Frage des Lukas an uns oder seine Absicht, uns ins Gespräch zu bringen mit diesen beiden Figuren, mit dem Apostel Philippus und dem äthiopischen Finanzminister. Wir nehmen Kenntnis vom Evangelium durch Lesungen, durch die Lesung des Predigttexts auch am Anfang der Predigt, und warten doch gleichzeitig auf das Evangelium, auf die frohe Botschaft. Dazwischen steht das Verstehen der Schrift.

Ich habe aus meiner Praxis als Gemeindepastor eine Szene in Erinnerung: Bei einem Gemeindefest schlich ein Nachbar, der mir innerhalb unserer Gemeinde, geschweige denn, der Gottesdienste, nicht weiter aufgefallen war, um mich herum, als wenn er das Gespräch mit mir suchte. Ich hatte von ihm nur erfahren, dass er Busfahrer war und gewerkschaftlich und auch sonst politisch aktiv. Ich ging auf ihn zu. Es stellte sich heraus, dass er von Haus aus Baptist war. Die Baptisten kennen die Taufe im Alter von etwa 18 Jahren, wenn das genügende Wissen über Fragen des Glaubens angesammelt und die bewusste Entscheidung für Jesus Christus möglich ist. Dazu war es bei diesem gebürtigen Schlesier nicht mehr gekommen. Der Zweite Weltkrieg war dazwischen gekommen. Der Mann war zur Wehrmacht eingezogen worden. Aus dem Krieg war er zwar unversehrt heraus gekommen, aber er hatte seine Heimat verloren und mit seiner lutherischen Frau eine neue Existenz in Hamburg aufgebaut.

Erst nach seiner Pensionierung ging er den Weg auf mich zu. Ich hätte natürlich sagen können: „Du Schlauberger! Jetzt, wo du keine Kirchensteuern mehr zahlen musst, gehst du den Schritt auf die Kirche zu.“ Ich habe ihm vielmehr ein Gespräch angeboten. Es wurde das Vorbereitungsgespräch auf seine Taufe. Mir ist es immer sehr wichtig gewesen, dass jeder zu Taufende ein eigenes Bibelwort für seine Taufe erhielt. Und so habe ich dies auch in diesem Taufgespräch thematisiert. Dabei geschah etwas, was ich bis heute nicht vergessen habe: Der Nachbar, Busfahrer, Gewerkschaftler, Noch-Nicht-Kirchenmitglied, zog ein Büchlein aus der Tasche, ein Neues Testament. Er schlug es mit sicherer Hand auf: Mt 25. Darin das Wort Jesu: „Was ihr getan habt einem unter diesen meinen geringsten Brüdern, das habt ihr mir getan.“ Und er fügte hinzu: „Dieses Wort hat mein Leben bestimmt, deswegen habe ich mich politisch so engagiert,“ Er hätte hinzufügen können: „Was hindert's, dass ich mich taufen lasse?" Ich habe ihn getauft. In unserer Kirche in Vierlanden. Ich habe das Gefühl gehabt: Er zog seiner Straße fröhlich.

4.

Verstehest du auch, was du liesest? Es ist gut, wenn wir in unserem Leben Menschen finden, die uns bei der Auslegung der Bibel begleiten. Ich weiß z.B. nicht, was ich diesem Nachbarn bedeutet habe durch meine Nachbarschaft, oder ob es etwas anderes war, das ihn ermutigt hat, mich darum zu bitten, ihn zu taufen. Ich musste ihn nicht einmal fragen: „Verstehst du auch, was du liesest?" Er hatte das Neue Testament auf seine Weise verstanden.

Der äthiopische Finanzminister wandte sich nicht an Philippus mit der Frage: „Wie *muss* ich das verstehen?" Sondern er wird von Philippus ernst genommen in seinem Verständnis dessen, was er da liest. Immer wieder bin ich von Teilnehmenden an den Kursen der Seniorenakademie oder jetzt des Kollegs St. Nikolai gefragt worden: „Wie muss ich das verstehen?" Ich habe dann geantwortet: „Sie müssen gar nicht verstehen; aber wie verstehen Sie den Text?" Und wenn dann die Antwort gekommen war, kam vielleicht aus einer anderen Ecke eine andere Stellungnahme: „Ich aber verstehe den Text ganz anders." Und schon war ein Gespräch im Gange.

Ganz vorsichtig zeichnet Lukas Philippus, den Anleiter beim Verstehen des in der Bibel Gelesenen. Philippus besteigt die Staatskarosse, setzt sich neben den Finanzminister und liest still mit. Der Leser dieser Geschichte, zunächst Theophilus, der Freund des Lukas, der selbst auf dem Wege zum Christentum war, und dem Lukas sein Evangelium und die Apostelgeschichte widmete, wird von Lukas informiert: „Der Inhalt aber der Schrift, die er las, war dieser: »Wie ein Schaf, das zur Schlachtung geführt wird, und wie ein Lamm, das vor seinem Scherer verstummt, so tut er seinen Mund nicht auf. In seiner Erniedrigung wurde sein Urteil aufgehoben. Wer kann seine Nachkommen aufzählen? Denn sein Leben wird von der Erde weggenommen.«" Bibelkundige wissen: Es handelt sich um Jesaja 53, Vers 7 und 8, um das vierte Lied vom leidenden Gottesknecht. Philippus aber fährt nicht mit dieser Information dazwischen. Er schweigt und liest an der Seite des Finanzministers und wartet dessen Reaktion ab. Diese kommt, wieder in der Form einer Frage: „Von wem redet der Prophet das, von sich selber oder von jemand anderem?" Damit stellt er die Frage, die bis heute die theologische Forschung bewegt. Wer ist mit diesem leidenden Gottesknecht gemeint? Ist es der Prophet, der zur Zeit der babylonischen Gefangenschaft, also etwa um 540 v. Chr., auftrat? Oder ist es das leidende Volk Israel in der babylonischen Gefangenschaft und in seiner weiteren Geschichte? Oder sind es die leidenden Einzelnen, die als Propheten auftraten von Mose über Samuel und Elia bis hin zu Jeremia? Oder ist es Jesus von Nazareth, der Christus?

Lukas beschränkt sich auf folgende Bemerkung: „Philippus aber tat seinen Mund auf und fing mit diesem Wort der Schrift an und predigte ihm das Evangelium von Jesus." Da stehen sie nebeneinander: Die gelesene Schrift und das gehörte Evangelium. Lukas beschränkt sich auf diesen Bericht. Wie er das Evangelium versteht, hat er dem kundigen Leser längst in seinem Evangelium, dem Evangelium nach Lukas, dargelegt. Dieses Evangelium kann aber nicht verstanden werden ohne die Schrift, ohne die Frage des Finanzministers: „Von wem redet der Prophet das, von sich selber oder von jemand anderem?“

5.

Diese Frage erhebt sich angesichts des Schweigens des leidenden Gottesknechts. Kundige christliche Bibelleser werden die Antwort gleich parat haben: „Natürlich spricht er von Christus!“ Juden würden auf diese Frage eine ganz andere Antwort geben und Moslems auch. „Ja, diese Reihe der Propheten ist weiter gegangen. Auch Jesus von Nazareth hat dazu gehört.“ Ich höre schon die abwiegelnde Bemerkung: „Bei den Juden und den Moslems ist Jesus ja bloß ein Prophet.“ Ich stelle als Christ die Gegenfrage: „Nehmen wir als Christen den Propheten Jesus überhaupt ernst? Was bedeutet uns der Jesus der Bergpredigt, was der Jesus der Gleichnisse? Was bedeutet uns der Jesus, der mit den Worten aufgetreten ist: ‚Ihr habt gehört, dass zu den Alten gesagt ist,‘ oder auch: ‚Wer Ohren hat zu hören, der höre!‘“?

Der äthiopische Finanzminister fragt: „Von wem redet der Prophet das, von sich selber oder von jemand anderem?“ Wer ist dieser andere? Wie weit oder wie eng kann er gefasst werden? Gehört der Finanzminister selbst dazu?

Unter dieser Fragestellung erschließt sich mir der Text aus dem Jesajabuch neu. Besonders die verheißungsvolle Frage: „Wer kann seine Nachkommen aufzählen?“ Der äthiopische Finanzminister sieht sich hineingenommen in ein Christentum, das nicht mit dem Alten Testament aufhörte, auch nicht mit dem Tode des Jesus von Nazareth, sondern das eine explosionsartige Ausbreitung erfuhr. Er, der zeugungsunfähige Eunuch, sieht sich hineingenommen in eine verheißungsvoll wachsende Nachfahrenschaft.

„Von wem redet der Prophet das, von sich selber oder von jemand anderem?“ Die Botschaft des alttestamentlichen Propheten kommt schließlich bei uns an: „Es geht um dich und um mich. Tua res agitur; mea res agitur.“ Es geht um dich und um mich mitten in der Erfahrung, dass die Kirche immer mehr schrumpft und die Bevölkerung Deutschlands auch: Wachstum ist möglich! Auch in der nächsten und übernächsten Generation.

Wir nehmen die Botschaft des Evangeliums wahr, hören sie im Zusammenhang der Bibel Alten und Neuen Testaments, entdecken die Fülle der Deutungsmöglichkeiten. Und tatsächlich ist der Teil des Jesajabuches, der in der Zeit der babylonischen Gefangenschaft entstanden ist, voller Evangelium: „Wie lieblich sind auf den Bergen die Füße der Freudenboten, die da Frieden verkündigen, Gutes predigen, Heil verkündigen,“ (Jesaja 52,7).

Was hindert’s, das Evangelium so für uns wahrzunehmen, so das Abendmahl zu feiern und dann unserer Straße fröhlich zu ziehen?
Amen.

Gott – der Liebhaber (Jes 62,6-12)

Predigt am 12. August 2012 (10. S. n. Trin.) um 10 Uhr in St. Marien Hamburg Fuhlsbüttel

---

Jes 62,6 O Jerusalem, ich habe Wächter über deine Mauern bestellt,
die den ganzen Tag und die ganze Nacht nicht mehr schweigen sollen.
Die ihr den HERRN erinnern sollt, ohne euch Ruhe zu gönnen,
7 laßt ihm keine Ruhe, bis er Jerusalem wieder aufrichte
und es setze zum Lobpreis auf Erden!
8 Der HERR hat geschworen bei seiner Rechten und bei seinem starken Arm:
„Ich will dein Getreide nicht mehr deinen Feinden zu essen geben
noch deinen Wein, mit dem du soviel Arbeit hattest, die Fremden trinken lassen,
9 sondern die es einsammeln, sollen's auch essen
und den HERRN rühmen,
und die ihn einbringen, sollen ihn trinken
in den Vorhöfen meines Heiligtums."
10 Gehet ein, gehet ein durch die Tore!
Bereitet dem Volk den Weg!
Machet Bahn, machet Bahn,
räumt die Steine hinweg!
Richtet ein Zeichen auf für die Völker!
11 Siehe, der HERR läßt es hören bis an die Enden der Erde:
Saget der Tochter Zion:
„Siehe, dein Heil kommt!
Siehe, was er gewann, ist bei ihm,
und was er sich erwarb, geht vor ihm her!"
12 Man wird sie nennen „Heiliges Volk", „Erlöste des HERRN", und dich wird man nennen „Gesuchte" und „Nicht mehr verlassene Stadt".

Liebe Gemeinde,

1.

der heutige Sonntag, der 10. Sonntag nach Trinitatis, hieß früher „Judensonntag". Er sollte daran erinnern, dass zwischen Christen und Juden noch eine Rechnung offen war: Die Juden sollten sich endlich, endlich zu Jesus Christus bekennen. Das war die Hoffnung der Reformatoren, die Hoffnung Martin Luthers ebenso wie die Hoffnung Johannes Bugenhagens: Nachdem die Wahrheit des Evangeliums endlich ans Licht gekommen war, mussten sich die Juden doch entschließen, Christen zu werden. Dazu war man sich in der Reformationszeit auch zu nahe gekommen beim Studium der hebräischen Bibel und ihrer Übersetzung, beim Studium sogar der rabbinischen Schriften. Aber, von wenigen Ausnahmen abgesehen, traten die Juden nicht zum Christentum über. Während Johannes Bugenhagen sich betroffen zeigte von dem Schicksal der Juden, die einsam den Erdkreis durchwanderten, forderte Martin Luther dazu auf, auf die Juden einzudreschen und ihre Synagogen anzustecken. In jedem Fall, so meinte man, hatte das Christentum das Judentum, der Neue Bund den Alten Bund Gottes mit seinem Volk abgelöst.

Der Holocaust mit dem millionenfachen Tod von Juden in den Gaskammern der Konzentrationslager hat zu einem Umdenken geführt, auch zu einem theologischen Umdenken. Gott hat seinen Bund mit den Juden nicht gekündigt. Das Christentum hat das Judentum nicht einfach abgelöst. Sie sind Geschwister, das Christentum der jüngere Bruder oder die jüngere Schwester des Judentums. Das Judentum stellt die bleibende Wurzel des Christentums dar. Aber das Christentum ist nicht der einzige Trieb, der aus dieser Wurzel gewachsen ist. Auch das Judentum ist weiter gewachsen und wächst bis auf den heutigen Tag. Bei Licht betrachtet, ist auch der Islam aus diesem Wurzelwerk erwachsen.

Geschwister sind aufeinander angewiesen; man kann sie sich nicht aussuchen. Geschwister bleiben hoffentlich im Gespräch miteinander. Wo sie sich zerstritten haben, finden sie wieder zum Dialog. Dieser muss nicht unkritisch sein, sondern kann auch Kritik am Gesprächspartner enthalten und hoffentlich auch Selbstkritik. Ergebnis dieser Selbstkritik ist, dass der heutige Sonntag nicht mehr als Judensonntag, sondern als Israelsonntag bezeichnet wird.

Wenn ich vor diesem Hintergrund hier heute Morgen predige, dann hätte ich am liebsten zusammen mit einer Jüdin oder einem Juden, vielleicht auch einer Muslima oder einem Muslim eine Dialog- oder gar eine Trialog-Predigt gehalten. So aber stehe ich vor der Aufgabe, zu Ihnen, zu Euch zu sprechen und gleichzeitig Juden als erste und auch heutige Adressaten nicht zu vergessen. So hören wir auf einen Text des Alten Testaments, der hebräischen Bibel, gerichtet an Hörende und Lesende in der Zeit kurz nach dem Ende der babylonischen Gefangenschaft, um 530 v. Chr. Die Katastrophe, welche die Babylonier den Juden mit ihrer Hauptstadt Jerusalem und dem Tempel bereitet hatten, und die folgende 50jährige Gefangenschaft hatten ein Ende, aber noch war der Tempel nicht wieder aufgebaut, Jes 62,6-12:

2.

Jes 62,6 O Jerusalem, ich habe Wächter über deine Mauern bestellt,
die den ganzen Tag und die ganze Nacht nicht mehr schweigen sollen.
Die ihr den HERRN erinnern sollt, ohne euch Ruhe zu gönnen,
7 laßt ihm keine Ruhe, bis er Jerusalem wieder aufrichte
und es setze zum Lobpreis auf Erden!
8 Der HERR hat geschworen bei seiner Rechten und bei seinem starken Arm:
„Ich will dein Getreide nicht mehr deinen Feinden zu essen geben
noch deinen Wein, mit dem du soviel Arbeit hattest, die Fremden trinken lassen,
9 sondern die es einsammeln, sollen's auch essen
und den HERRN rühmen,
und die ihn einbringen, sollen ihn trinken
in den Vorhöfen meines Heiligtums."
10 Gehet ein, gehet ein durch die Tore!
Bereitet dem Volk den Weg!

Machet Bahn, machet Bahn,
räumt die Steine hinweg!
Richtet ein Zeichen auf für die Völker!
11 Siehe, der HERR läßt es hören bis an die Enden der Erde:
Saget der Tochter Zion:
„Siehe, dein Heil kommt!
Siehe, was er gewann, ist bei ihm,
und was er sich erwarb, geht vor ihm her!"
12 Man wird sie nennen „Heiliges Volk", „Erlöste des HERRN", und dich wird man nennen „Gesuchte" und „Nicht mehr verlassene Stadt".

Dieses Wort erzeugt eine Stimmung wie zu Advent oder zu Weihnachten:

Tochter Zion, freue dich, Jauchze laut, Jerusalem!
Sieh dein König kommt zu dir,
ja, er kommt, der Friedefürst.

Aber von einem kommenden König, von einem kommenden Friedefürst ist in unserem Predigttext nicht die Rede. Alles dreht sich um den erhofften Wiederaufbau der Stadt Jerusalem und des Tempels:

10 Gehet ein, gehet ein durch die Tore!
Bereitet dem Volk den Weg!
Machet Bahn, machet Bahn,
räumt die Steine hinweg!
Richtet ein Zeichen auf für die Völker!

Dieser Text zeugt von einer ungeahnten Aufbruchstimmung, vergleichbar mit der Aufbruchstimmung bei der Gründung des Staates Israel 1948.

Ja, die in Aussicht genommene Wiederherstellung Jerusalems geschieht durch Gott selbst. Nach dem Ende der Gefangenschaft sollen die Juden Gott keine Ruhe geben. Sie sollen Gott in den Ohren liegen mit der flehentlichen Bitte um den Wiederaufbau Jerusalems.

In scharfem Kontrast dazu die Jerusalemer Klagemauer heute, die Westmauer der Reste des Tempelbezirks, wie sie die Römer im Jahre 70 nach Christus hinterlassen hatten. Auf dem Tempelberg hingegen die Al-Aqsa-Moschee und der ebenso muslimische Felsendom. Nicht einmal Ausgrabungen sind dort möglich. Juden fürchten nichts mehr, als bei Ausgrabungen das Allerheiligste des Tempels zu berühren und es damit zu entweihen.

Die Hoffnung auf einen Wiederaufbau des Tempels scheint vorüber. Liberale Juden in Hamburg haben daher schon seit 1817 ihre Gotteshäuser nicht mehr Synagogen, sondern Tempel genannt. Ein besonders schönes Beispiel ist der ehemalige Tempel an der Oberstraße, heute der Biedermann-Saal des Norddeutschen Rundfunks. Diese Tempel sind getragen von der Grundüberzeugung: Der Tempel in Jerusalem wird nicht wieder aufgebaut. Wir bauen unsere Tempel vor Ort. Wir brauchen den Tempel jetzt.

Statt eines wieder aufgebauten Tempels sind andere Mauern entstanden, die Palästina durchtrennen wie einst die Mauer Berlin oder der Eiserne Vorhang, der Stacheldrahtzaun, Deutschland.

10 Gehet ein, gehet ein durch die Tore!
Bereitet dem Volk den Weg!
Machet Bahn, machet Bahn,
räumt die Steine hinweg!
Richtet ein Zeichen auf für die Völker!

Dieses Wort stand ausgesprochen oder unausgesprochen hinter der Wende in Deutschland im November 1989, als buchstäblich Steine, Teile der Mauer und schließlich die gesamte Mauer weggeräumt wurden und dem einen Volk der Weg bereitet wurde.
Vor diesem Hintergrund gewinnt das Wort aus dem Jesajabuch eine politische Sprengkraft auch für die Situation in Palästina, nicht nur, was die Mauer angeht, sondern auch den Siedlungsbau in besetztem Gebiet.

Es wäre allerdings vermessen, von dieser Stelle aus Juden, dem Staat Israel Ratschläge geben zu wollen. Sehr viel bescheidener möchte ich Juden fragen, wie dieser Aufruf aus der Bibel auf sie heute wirkt, welche Kraft er in ihnen freizusetzen in der Lage wäre. Ob das Beiseite räumen von Steinen und Mauern getragen sein könnte von der Vision eines neuen Tempels in Jerusalem, vielleicht auch der Vision einer internationalen, interreligiösen Stadt Jerusalem, in der Juden und Moslems, Christen unterschiedlicher Konfession einander nahe kommen und zusammen leben.

3.

Niemand sage, die Vision vom Jerusalemer Tempel sei uns doch fremd. Im Hamburg Museum steht seit 1910 ein Modell des Jerusalemer Tempels. Es ist 12 m^2 groß und entstand um 1694 im Auftrag eines Hamburger Ratsherrn als Schaustück für Opern biblischen Inhalts im Opernhaus am Gänsemarkt. Im Mittelpunkt stand damals die Lust, sich an der Schönheit dieses Gotteshauses zu ergötzen. Der russische Zar kam eigens nach Hamburg angereist, um dieses Prunkstück der Modellbaukunst zu betrachten. Hamburg hatte sein erstes Miniatur-Wunderland. Aber noch größer war die Lust, dieses kostbare Tempelmodell zu Geld zu machen. So gelangte es nach London, wo August der Starke, Kurfürst von Sachsen und König von Polen, es für seine Sammlung im Dresdener Zwinger erwarb. Seit 1910 aber hat Hamburg seinen Tempel, seine alte Liebe wieder. Ein einziges Mal ist er bisher ausgeliehen werden, und zwar vor einem halben Jahr für eine Ausstellung in Amsterdam. Nachdem das Modell nach Hamburg zurückgekehrt ist, darf das Hamburger Publikum gespannt sein auf Restaurierungsarbeiten am offenen Modell in absehbarer Zeit.

Das Hamburger Modell hält die Vision des Tempels als Friedenssymbols wach. Jerusalem war und bleibt das Symbol für die Hoffnung auf Frieden, Gerechtigkeit und Bewahrung der Schöpfung. Der Tempel ist Antwort auf die Liebe Gottes zu Jerusalem.

4.

Wenn es vor diesem Hintergrund heißt: „Räumt die Steine weg!“ dann geht es darum, dass die Zementblöcke weggeräumt werden, dass die Betonköpfe und steinernen Herzen verwandelt werden, damit Frieden möglich werde. Dass in Palästina die landwirtschaftlichen Ressourcen allen zugänglich gemacht werden. Dass Wege gefunden werden wie die von Daniel Barenboim mit seinem palästinensisch-israelischen Orchester. Das die Mauern von Vorurteilen abgebaut werden.

Wie schwer das ist, sehen wir am Beispiel des zerstörerischen Krieges in Syrien. Statt friedlich aufeinander zuzugehen, sieht man keinen anderen Weg, als mit Waffen aufeinander los zu dreschen. Häuser werden zerstört. Menschen wird die Lebensgrundlage genommen. Menschen werden in den Tod gerissen.

Dieser Krieg scheint das Schicksal Israels in den Hintergrund gedrängt zu haben. Aber damit die die Frage Israels nicht gelöst. Noch stehen im Blick die hasserfüllten Drohungen aus dem Iran und die Frage, wie sich Ägypten verhalten wird. Es hat mich betroffen gemacht, dass sich Israel nicht in der Lage gesehen hat, Flüchtlinge aus Syrien aufzunehmen. Politische Mauern beginnen mit Mauern in den Herzen.

5.

Weil dem so ist, brauchen wir eine Verheißung wie diejenige aus dem Jesajabuch. Es ist eine Verheißung des lebendigen Gottes. Er spricht Jerusalem an wie seine geliebte, ja, wie seine heiß begehrte Frau. Aus dieser Beziehung sind Kinder hervorgegangen, geistige Kinder: Juden, Christen, auch Muslime. Aus dieser Beziehung ist der Sohn Gottes hervorgegangen, der ausgerechnet in Jerusalem sein Leben lassen musste: Jesus Christus. Wenn in der Christentumsgeschichte die Kirche als Braut Christi bezeichnet wird, so wiederholt sich in gewandelter Form das Bild von Jerusalem als der Frau Gottes. Das Bild von Jerusalem als Frau Gottes bleibt unabhängig davon für Christen bestehen. Auch unsere Hoffnung richtet sich auf das Jerusalem, das von Gott in Liebe gefunden wird und von ihm nicht verlassen ist.

Auch bei uns gilt es noch, Mauern abzubauen gegenüber dem Judentum, die immer noch stehen wie Ruinen nach allem tödlichen Hass, mit dem Deutsche, mit dem Christen das Judentum überzogen haben. Es gilt, Gott als Liebhaber zu entdecken. Auch die beiden Gebote der Liebe: Du sollst Gott, deinen Herrn, lieben von ganzem Herzen, von ganzer Seele und von ganzem Gemüte und mit aller deiner Kraft, und: Du sollst deinen Nächsten lieben wie dich selbst, stammen aus der hebräischen Bibel. Diese Liebe ist möglich, wenn Gott als Liebhaber entdeckt wird. Amen.

Sich Gott zur Brust nehmen (Jak 5,13-16)

Predigt am 14. Oktober 2012 (19. S. n. Trin.) um 10 Uhr in Marien Hamburg-Fuhlsbüttel

---

Jak 5,13 Leidet jemand unter euch, der bete;
ist jemand guten Mutes, der singe Psalmen.
14 Ist jemand unter euch krank, der rufe zu sich die Ältesten der Gemeinde,
daß sie über ihm beten
und ihn salben mit Öl in dem Namen des Herrn.
15 Und das Gebet des Glaubens wird dem Kranken helfen,
und der Herr wird ihn aufrichten;
und wenn er Sünden getan hat, wird ihm vergeben werden.
16 Bekennt also einander eure Sünden
und betet füreinander, daß ihr gesund werdet.
Des Gerechten Gebet vermag viel, wenn es ernstlich ist.

Liebe Gemeinde,

1.

wenn ich die Ratschläge unseres Predigttexts lese und höre, dann fühle ich mich in eine persönliche Krankheitssituation vor zwölf Jahren zurück versetzt. Die Ärzte des UKE[2] hatten an meinem linken Oberschenkel ein Sarkom, eine bösartige Geschwulst, festgestellt. Zwei Muskelstränge mussten aus dem Oberschenkel entfernt werden. Wie ich erfuhr, wurde ich am Tage der Operation und in den Wochen und Monaten danach von einem Netz von Gebeten getragen. Eine katholische Bekannte sagte mir „Ich habe mir den Herrgott vielleicht zur Brust genommen!“ Aber das Netz der Gebete reichte nicht nur in die Weite römisch-katholischer Ökumene hinein, sondern auch in die Weite der Religionen. Unsere türkische Freundin und Haushaltshilfe bekannte: „Ich habe für Sie zu Allah gebetet.“ Ein weiblicher Rabbiner (sie legt Wert darauf, als Rabbiner bezeichnet zu werden und nicht als Rabbinerin), die einige Wochen vorher in St. Nikolai einen Vortrag gehalten hatte, mailte mir: „Wir haben Sie am Schabbat in unser Gebet aufgenommen.“ Der Chirurg, der mich am 11. Oktober 2000 erfolgreich operiert hatte, teilte mir sein Behandlungsziel mit: „Zu Weihnachten stehen Sie wieder auf der Kanzel.“ Als ich am 3. Advent schon wieder gepredigt hatte und mich bei ihm und seinem Team bedankt und ihm alles Gute zum Chanukka-Fest gewünscht hatte (er war nämlich ein Jude), mailte er mir postwendend zurück: „Bedanken Sie sich nicht bei uns, sondern bei Gott.“

2.

---

[2] Universitäts-Krankenhaus Eppendorf.

Diese Erfahrungen mit Krankheit und Gebet machen mir Mut, die Empfehlungen unseres Predigttexts für heute aufzugreifen und sie noch einmal durch zu buchstabieren:

13 Leidet jemand unter euch, der bete;
ist jemand guten Mutes, der singe Psalmen.
14 Ist jemand unter euch krank, der rufe zu sich die Ältesten der Gemeinde,
daß sie über ihm beten
und ihn salben mit Öl in dem Namen des Herrn.

Ich habe damals die Erfahrung gemacht, dass des Gebet und das Psalmensingen durchaus nicht immer der jeweiligen seelischen Befindlichkeit entsprechen müssen. Ich kann mich an die innere Kraft erinnern, die ich besaß, als der junge Assistenzarzt mir das Ergebnis der Untersuchung mitgeteilt hatte, und die mich sagen ließ: „Ich merke Ihnen an, wie schwer Ihnen das fällt, mir das mitzuteilen." Ich habe auch die Erfahrung gemacht, dass das Singen fröhlicher Psalmen eine Hilfe in seelischer Not sein und die Klage zum Schweigen bringen kann. Ich gehörte zu denjenigen, die in dieser Situation nicht in die klagende Warum-Frage einstimmten: „Warum gerade ich?", sondern die Gegenfrage stellte: „Warum gerade ich nicht?"

Ich muss dabei auch an einen längst verstorbenen Freund denken, der im Alter von 75 Jahren mit einer Reisegruppe in Israel war und nach einer Kaffee- und Toiletten-Pause in einer Raststätte in der judäischen Wüste von seiner Gruppe vergessen wurde. Der Bus war ohne ihn losgefahren. Er war des Englischen kaum mächtig. In dieser Situation der Verlassenheit hat er erst einmal nichts anderes getan als alles, was er an Liedern im Gedächtnis und in der Seele hatte, vor sich her zu singen. Das ließ ihn zur Ruhe kommen. Fürsorgliche Wesen hatten längst seine Hilflosigkeit bemerkt. Sie übergaben meinen alten Freund einer vorbei kommenden motorisierten israelischen Streife, die ihn in ihrem Jeep wieder zu seinem Bus zurück beförderte.

In einer so sangesfreudigen Gemeinde wie der St. Marien-Gemeinde oder jetzt auch der Kirchengemeinde Ohlsdorf-Fuhlsbüttel muss ich nicht besonders betonen, welch' heilende Wirkung nicht nur das Singen von Psalmen, sondern auch von Kirchliedern und Chorälen, von Oratorien und Passionsmusiken hat, wie wichtig auf der anderen Seite die Gebete im Gottesdienst sind, insbesondere die Fürbitte.

3.

Und doch wären wir vielleicht etwas hilflos, wenn ein Kranker vor uns träte, damit wir über ihm Fürbitte halten. Oder wenn eine Kranke fragte: „Wer ist hier Kirchenältester? Ich brauche seine Fürbitte für mich in meiner schweren Krankheit. Ich möchte gesund werden."

Ich kann mich selbst erinnern, dass ich bei meinem damaligen Krankenhausaufenthalt in Eppendorf bei der Frage: „Wünschen Sie einen Besuch des Krankenhausseelsorgers oder der Krankenhausseelsorgerin?" ein Kreuz auf dem Fragebogen gemacht hatte: „Ja!". Und dann kam der Besuch. Der Seelsorger versuchte, mit mir in ein Gespräch zu kommen. Professionell geschult platzte er nicht gleich mit der Frage heraus, ob er ein Gebet sprechen dürfe. Hätte er doch nur. Hätte er doch nur den 23. Psalm angestimmt, und ich wäre darin eingestimmt. So war es aber ein ziemliches Herumgedruckse – aus Respekt vor dem Kranken, aus Respekt vor dem Kollegen, aus Respekt vor dem Hauptpastor gar?

Die Fürbitte an Anwesenheit des Menschen, für den Fürbitte getan wird, ist so einfach nicht. Umso mehr verwundert es nicht nur mich, dass z.B. in charismatischen Gottesdiensten diese Fürbitte, diese Bitte um Heilung eine Selbstverständlichkeit ist. Auch der entsprechende Ritus, die Handauflegung oder die Ölung, findet immer mehr Freundinnen und Freunde. Und zwar die Ölung eines Kranken, nicht etwa die letzte Ölung. Ich habe in meiner Praxis immer wieder die Erfahrung gemacht, wie wohltuend das gemeinsame Abendmahl am Krankenbett ist, nicht nur für den Kranken oder die Kranke, sondern auch für die Angehörigen, nicht zuletzt auch für die Pastorin oder den Pastor. Das Ritual mit bekannten Worten der Bibel, mit bekannten Gebeten, mit bekannten Worten des Lobpreises Gottes ist eine Hilfe und wirkt entlastend.

4.

Das Gebet für den Kranken ist natürlich kein Ersatz für die Behandlung durch die Ärztin oder den Arzt. Aber ärztliche Behandlung, die begleitet wird vom Gebet, von der Klage, von der Fürbitte, vom Dank, vom Lobpreis Gottes hat ihren tiefen Sinn. Ich muss dabei an die Abschiedsvorlesung eines bedeutenden Hamburger Krebsforschers denken. Er sagte: „Es gibt in der Begleitung der Krebspatienten die Stelle, an der wir nicht mehr Mediziner sind, sondern zu Theologen werden."

Ein Einspruch dagegen sollte auch nicht das etwas freche und vielfach zitierte Wort Helmut Schmidts sein: „Wer Visionen hat, der sollte zum Arzt gehen." Für diesen stets kritischen Begleiter kirchlichen Redens und Handelns spielt gleichzeitig das Vaterunser eine große Rolle und die Sehnsucht nach kirchlichen Räumen, in denen das Gebet, eben dieses Gebet seinen festen Sitz hat.

5.

Auf der anderen Seite sind die Ermunterungen zum Beten, Fürbitten und Singen von Psalmen auch kein Ersatz für gesundheitspolitische Maßnahmen, ebenso wenig, wie der abschließende Rat unseres Predigttexts eine Empfehlung für politische Schlagabtäusche im amerikanischen Wahlkampf ist:

16 Bekennt also einander eure Sünden
und betet füreinander.

Welche Bedeutung die gegenseitige Vergebung haben kann, das habe ich in unserer Familie erlebt, als meine Tante meiner Mutter ihren letzten Besuch abstattete, bevor meine Mutter starb. Die Beiden, beide um neunzig Jahre alt, zogen sich in ein Zimmer unseres Hauses zurück und vergaben sich gegenseitig das, was sie, die beiden starken Frauen, sich über Jahre und Jahrzehnte hinweg angetan hatten. Meine Tante hat mir noch Jahre danach, selbst schon in einem Pflegebett liegend, gesagt, wie gut ihr diese Vergebung getan habe und wie wohl sie ihr nach wie vor tue.

Man vergisst über diesen guten Gedanken fast, dass sie angeregt wurden durch einen Text aus dem Jakobus-Brief, den Martin Luther – allerdings nur in seinen frühen Jahren bis 1522 – als „eine recht stroherne Epistel“ bezeichnet hat. Der Verfasser wendet sich darin gegen ein Missverständnis der Lehre des Apostels Paulus, dass allein der Glaube wichtig sei und nicht die Werke. Dagegen der Jakobusbrief: „Der Glaube, wenn er nicht Werke hat, ist tot!“ (Jak 2,17.20.26). Aber über unseren Werken, über dem, was wir tun, was wir leisten, steht immer auch, wie Fulbert Steffenski es ausgedrückt hat, das Unerledigte, das Zerbrochene, das Zersplitterte eines Lebens, das sich nach Heil, nach Heilwerden, nach Gesundung sehnt.

15 Das Gebet des Glaubens wird dem Kranken helfen,
und der Herr wird ihn aufrichten;
und wenn er Sünden getan hat, wird ihm vergeben werden.

So der Jakobusbrief. Da ist es wieder, das Gebet. Das Gebet des Glaubens. Ich muss dabei denken an die Empfehlung, die ein Pastor in einem Konfirmationsgottesdienst seinen Konfirmandinnen und Konfirmanden mit auf den Weg gegeben hat. Er wollte vor der Gefahr der Verwechslung des Glaubens mit blindem Vertrauen warnen und gab den Rat: „Glaubt an Gott, aber schließt eure Fahrräder ab.“

Das Gebet des Glaubens. Das Gebet in der Beziehung zu Gott. Gott hilft, er richtet auf angesichts des Unerledigten, des Zerbrochenen, des Zersplitterten eines Lebens, unseres Lebens. Wer sich so von Gott aufgerichtet weiß, ist gerecht. Er kann leben, sie kann leben aus der Gewissheit heraus: „Mir ist vergeben.“ Hilfe mitten in der Krankheit, Hilfe in einem Leben, das umgeben ist von Klagen, Bitten, Lobpreis, Psalmensingen, dem Gebet des Glaubens. Amen.

Weihnachten wirkt weiter (Joh 12,34-36)

Predigt am 20. Januar 2013 (Letzter Sonntag nach Epiphanias) um 10 Uhr im Hospital zum Heiligen Geist

---

Joh 12,34 Da antwortete ihm das Volk: „Wir haben aus dem Gesetz gehört, daß der Christus in Ewigkeit bleibt; wieso sagst du dann: ‚Der Menschensohn muß erhöht werden?' Wer ist dieser Menschensohn?"
35 Da sprach Jesus zu ihnen: „Es ist das Licht noch eine kleine Zeit bei euch. Wandelt, solange ihr das Licht habt, damit euch die Finsternis nicht überfalle. Wer in der Finsternis wandelt, der weiß nicht, wo er hingeht.
36 Glaubt an das Licht, solange ihr's habt, damit ihr Kinder des Lichtes werdet." Das redete Jesus und ging weg und verbarg sich vor ihnen.

Liebe Hospital-Gemeinde,

1.

ich kann mich noch sehr gut an das erste Weihnachtsfest erinnern, das ich ganz bewusst erlebt habe. Es war das Weihnachtsfest 1945. Das erste Weihnachtsfest nach Kriegsende. Ich war 3 ½ Jahre alt und hatte ein Dreirad geschenkt bekommen. Mit großer Begeisterung fuhr ich damit in der kleinen Wohnung umher. Ein Cousin hatte mir einen Kasten für die Aufbewahrung von Spielzeug gebastelt und in verschiedenen Farbtönen bemalt: Blau, rot und grau, was die Farbreste hergaben. Ein Knusperhäuschen fehlte nicht und natürlich nicht der Weihnachtsbaum, der mangels Raum auf dem Schreibtisch meines 7 ½ Monate zuvor gestorbenen Großvaters stand.

Doch plötzlich im Neuen Jahr sollte das alles ein Ende haben. Meine Mutter entschmückte den Weihnachtsbaum, und mein Vater trug ihn in den Garten, um ihn in Brennmaterial umzuwandeln. Ich schrie wie ein Rohrspecht. So sehr hat mich das getroffen, dass das alles ein Ende haben sollte. Ich litt – so würde man das heute ausdrücken – unter Entzugserscheinungen.

2.

Liebe Gemeinde, ich finde das nach wie vor schön, dass Weihnachten nicht abrupt mit dem Zweiten Weihnachtstag zu Ende ist, sondern dass der Weihnachtsbaum noch bis zum 6. Januar steht und der Herrnhuter Stern noch bis zum Ende der Epiphaniaszeit, also bis heute, unser Treppenhaus erleuchtet und auch die Blicke derer auf sich zieht, die an unserem Haus vorbeigehen. Hier im Hospital haben Sie noch etwas mehr Zeit, denn das weihnachtliche Thema Licht wird auch den Gottesdienst am kommenden Sonntag bestimmen, den Gottesdienst zu pia causa luminis, der milden Gabe des Lichts. Auf diese Weise werden Sie auch ein bisschen darüber hinweggetröstet, dass in diesem Jahr die Epiphaniaszeit so kurz ist, dass es diesmal nur *einen* ersten Sonntag nach Epiphanias gab und heute schon den letzten. Der frühe Ostertermin schon am 31. März dieses Jahres macht die Epiphaniaszeit so kurz.

Da sind eigentlich die Katholiken besser dran, wenn sie den Weihnachtsfestkreis bis zum 2. Februar gehen lassen, bis Mariae Lichtmess, wie es früher hieß; heute sagt man: Fest der Darstellung des Herrn. Fest, an welchem Maria und Josef in den Tempel zogen, um ihren Sohn den Priestern zu zeigen.

In der streng calvinistischen Umgebung meiner Heimat gab es die Regel, dass man sich bis Mariae Lichtmess ein Frohes Neues Jahr wünschen durfte. Da hätten wir dann also noch 14 Tage Zeit.

3.

Aber nach dem lutherischen Kalender wird mit dem letzten Sonntag nach Epiphanias das Ende der Epiphaniaszeit eingeläutet. Diejenigen, die es ganz genau nehmen, werden darauf hinweisen, dass die sechs Werktage bis zum nächsten Sonnabend doch wohl dazu gehören. Aber dann heißt es endgültig Abschied zu nehmen von dem Licht, das sich mit Weihnachten 2012 verbindet.

Lebenserfahrene werden sagen: „*Alles* hat einmal ein Ende. So schön das Weihnachtsfest auch diesmal wieder gewesen ist: Man muss sich von ihm lösen können."
Bei Licht besehen, geht es aber auch zu Ostern um das Licht. Die Feier der Osternacht ist in vielen Gemeinden ein ebenso fester Begriff wie der Heiligabend-Gottesdienst: „Das Volk, das im Finstern wandelt, sieht ein großes Licht." „Mache dich auf, werde Licht; denn dein Licht kommt!" „Der Herr ist mein Licht und mein Heil, vor wem sollte ich mich fürchten?" Immer geht es dabei um Christus, das Licht der Welt. „Ich bin das Licht der Welt; wer mir nachfolgt, wird nicht wandeln in der Finsternis, sondern das Licht des Lebens haben."

Um dieses Licht geht es, ob wir nun an die Kerzen am Weihnachtsbaum denken oder an den Herrnhuter Stern oder an die Kerzen zu pia causa luminis. Das Licht der Welt, in der Krippe von Bethlehem geboren; das Licht der Welt, am Kreuz von Golgatha gestorben; das Licht der Welt, am Ostermorgen in Jerusalem neu auferstanden. Licht auf meinem Wege. Es erinnert mich an meine Kindheit, es erinnert mich an Zeiten der Dunkelheit, es erinnert mich auch an Zeiten, in denen es sich mir entzog. Gerade in dieser Zeit nach Weihnachten können wir entdecken: Das Licht von Weihnachten erlischt nicht mit dem Kind in der Krippe. Es erlischt nicht damit, dass die Krippe für ein Jahr verstaut wird in einem Abstellraum, sondern es wirkt weiter, wächst heran, wird erwachsen, wird Licht für erwachsene Menschen.

4.

Wir brauchen Licht, ein ganzes Leben lang. In der Zeit, da wir her-anwuchsen, haben wir es gebraucht und in der Zeit, da wir erwachsenen waren, Verantwortung übernahmen für unsere Familie bzw. unseren Beruf oder für Ehrenämter. Auch im Alter, gerade im Alter brauchen wir es. Manchmal gehen wir sehr zaghaft mit dem Licht um. Diese Zaghaftigkeit kann sogar sprichwörtlich werden: „Wenn du denkst, es geht nicht mehr, kommt irgendwo ein Lichtlein her.“

Wir denken aber auch an Situationen, in denen wir nicht mehr durchblickten. Alles war dunkel und undurchschaubar für uns geworden. Nachdem wir zur Ruhe gekommen waren, versuchten wir vielleicht, den Schicksalsschlag gedanklich zu erklären, um die Welt wieder verstehbar zu machen. Doch vieles blieb unerklärlich, blieb im Dunkel.

Auch theologische Erklärungen mochten sich einstellen: „Gott prüft mich; er stellt mich auf die Probe.“ Oder noch erschütternder: „Gott straft mich, womit habe ich das verdient?“

Unser Predigttext spricht von einer Begegnung mit Jesus Christus, mit dem erwachsen gewordenen Licht. Wie jedes Licht verbreitet er Wärme um sich herum und schenkt Geborgenheit. Wie eine tröstende Mutter lässt er uns an sich heran. Er hört auf uns. Er nimmt das ernst, was uns auf der Seele liegt. Er lässt uns ausweinen. Es sagt nicht: „Ach, das ist ja doch alles nicht so schlimm!“ Nein er nimmt unsere Schmerzen wahr: „Das tut weh!“ Er verbreitet Wärme um sich herum.

5.

Dabei aber bleibt es nicht. Er gibt uns auch die Richtung an für unseren Weg, indem er sein Licht auf diesen Weg fallen lässt. Doch er lässt uns dann auch unseren Weg allein gehen. Er erdrückt uns nicht mit guten Ratschlägen, sondern er entzieht sich uns auch, damit wir unseren Weg gehen können. Was bleibt, ist der Glaube an das Licht. „Wir mir nachfolgt, wird nicht wandeln in der Finsternis, sondern das Licht des Lebens haben.“

„Mache dich auf, werde Licht; denn dein Licht kommt und die Herrlichkeit des Herrn geht auf über dir.“ Sich diesem Licht aussetzen, sich von diesem Licht auf den Weg bringen lassen und darüber selbst zum Licht werden, zu einem Licht für andere. Gerade vorgestern telefonierte ich mit einer guten Bekannten. Weit über achtzig Jahre alt ist sie schon. Rollstuhlfahrerin. Wir unterhielten uns über eine gemeinsame Bekannte. Auch sie ist Rollstuhlfahrerin. „Was für ein Jammer, dass sie an den Rollstuhl gebunden ist,“ merkte meine Bekannte. Sie hatte darüber für einen Augenblick vergessen, dass sie selbst Rollstuhlfahrerin ist. Sie von dem Licht Gottes, sich von Jesus Christus, dem Licht der Welt erfüllen lassen und dieses Licht auf andere scheinen lassen.

Da mag es denn doch noch einmal gut sein, sich der Geburt dieses Lichtes zu erinnern, des Krippenkindes von Bethlehem. Welches Licht geht aus von diesem hilflosen Kind. Wie hat sich Paul Gerhardt in tiefster seelischer Not von diesem Kind das Gemüt aufhellen:

Ich lag in tiefster Todesnacht,
du warest meine Sonne,
die Sonne, die mir zugebracht
Licht, Leben, Freud und Wonne.
O Sonne, die das werte Licht

des Glaubens in mir zugericht',
wie schön sind deine Strahlen![3]

Amen.

[3] Evangelisches Gesangbuch Nr. 37, Vers 3.

Die Alleinerziehende (Lk 7,11-17)

Predigt am 15. September 2013 (16. S. n. Trin.) um 10 Uhr, Maria-Magdalenen, Hamburg Klein-Borstel

---

Lk 7 11 Und es geschah am folgenden Tag, dass er in eine Stadt mit Namen Nain ging;
und viele seiner Jünger und eine große Menschenmenge gingen mit ihm.
12 Als er nahe an das Stadttor kam, sieh, da trug man einen Toten heraus, der der einzige Sohn seiner Mutter war, und sie war eine Witwe;
und eine große Menschenmenge aus der Stadt ging mit ihr.
13 Als sie der Herr sah, jammerte sie ihn, und er sagte zu ihr: »Weine nicht!«
14 Und er trat hinzu und rührte die Bahre an, und die Träger standen still. Und er sagte: »Junger Mann (Jüngling), ich sage dir, steh auf!«
15 Da richtete sich der Tote auf und fing an zu reden; und er gab ihn seiner Mutter.
16 Und es kam Furcht über alle, und sie priesen Gott und sagten: »Es ist ein großer Prophet unter uns aufgestanden und Gott hat sein Volk besucht.«
17 Und man redete über ihn in ganz Judäa und in der ganzen umliegenden Gegend.

Liebe Gemeinde,

1.

seit meiner Grundschul-und Kindergottesdienstzeit wurde mir diese Geschichte nahe gebracht unter dem Titel „Der Jüngling zu Nain“. Mit dieser Überschrift hat sie einen erstaunlichen Bekanntheitsgrad erlangt. Dabei ist sie sehr selten Predigttext. Das ist ohnehin höchstens alle sechs Jahre der Fall. Außerdem fällt der 16. Sonntag nach Trinitatis oft mit dem Erntedankfest zusammen, und da geht es um andere als um die Auferweckung eines Jugendlichen vom Tode. Wenn, so wird außerdem gesagt, diese Geschichte im Kirchenjahr einen ordentlichen Platz hätte, dann doch am Ende des Kirchenjahres, wo Tod und Ewiges Leben die Themen seien, oder aber zu Karfreitag und Ostern. Ich bin da anderer Meinung, denn die Erfahrung von Tod und ewigem Leben lässt sich durch keinen Kalender begrenzen, sondern könnte an jedem Sonntag des Kirchenjahres, ja, an jedem Tag, Predigttext sein und so auch heute, am letzten Sonntag des Sommers 2013, am Morgen nach der Nacht der Kirchen.

Das ist noch stärker der Fall, wenn wir dieser Geschichte eine andere Überschrift geben: „Die Geschichte von der Alleinerziehenden zu Nain.“ So ist die alttestamentliche Parallelgeschichte bekannt als „Die Geschichte von der Witwe von Zarpat“ mit Elia (1. Kön 17) und eine weitere als „Die Geschichte von der Sunamiterin“ mit Elisa als Wundertäter (2. Kön 4). In jedem Fall handelt es sich um Witwen, um *Alleinerziehende*, die ihren einzigen Sohn verlieren und so um ihre Altersversorgung gebracht werden, dann aber ihren Sohn zurück geschenkt bekommen. Liebevoll wird von dem Sohn der Sunamiterin gesagt: „Er nieste siebenmal,“ und damit ist er wieder am Leben. Welche

Freude für die Mutter! Man könnte also unsere Geschichte aus dem Neuen Testament auch als „Die Geschichte von der Alleinerziehenden zu Nain“ bezeichnen.

Unter diesem Aspekt kristallisiert sich eine Erzählung mit folgendem Wortlaut heraus:

11 Und es geschah am folgenden Tag, dass Jesus in eine Stadt mit Namen Nain ging;
12 Als er nahe an das Stadttor kam, siehe, da trug man einen Toten heraus, der der einzige Sohn seiner Mutter war, und sie war eine Witwe.
13 Als sie der Herr sah, jammerte sie ihn, und er sagte zu ihr: »Weine nicht!«
14 Und er trat hinzu und rührte die Bahre an, und die Träger standen still. Und er sagte: »Junger Mann, ich sage dir, steh auf!«
15 Da richtete sich der Tote auf und fing an zu reden; und er gab ihn seiner Mutter.

Ich kann mich noch gut entsinnen, dass ich über die Geschichte von der Witwe zu Zarpat meine erste Predigt in meiner evangelisch-lutherischen Heimatgemeinde im deutsch-niederländischen Grenzgebiet gehalten habe, im Sommer 1965. Der Bürgermeister, evangelisch-reformiert wie die Meisten in meinem Heimatdorf, war erschienen; die Kirche war voll. Aber nicht das war das Entscheidende. Mit dieser Geschichte hatte ich den Nerv vieler Gottesdienstbesucherinnen und -besucher getroffen, Es waren Kriegerwitwen darunter. Sie hätten sich auch angesprochen gefühlt durch den Seelsorger Jesus: „13 Als sie der Herr sah, jammerte sie ihn, und er sagte zu ihr: »Weine nicht!«“ Auch mein Vater und mein Onkel wurden durch diese Geschichte an ihre Kindheit erinnert, war ihre Mutter doch schon im Alter von 38 Jahren Witwe geworden und allein mit ihren sechs Kindern, die zwischen 15 und einem Jahr alt waren. Aber wenigstens die Kinder lebten und waren wichtig für die Altersversorgung der Mutter. Immerhin erhielt sie schon eine Witwenrente in Höhe von acht Mark pro Monat. Heute würde man nicht mehr von Witwen sprechen, sondern in Formularen ein Kreuz machen bei „n.v., nicht verheiratet“

Die Zeiten haben sich gewandelt, nicht aber die Schicksale von Frauen, die ohne Mann vor der Aufgabe der Erziehung ihres Kindes oder ihrer Kinder stehen, weil ein anderer Tod in ihr Leben eingegriffen hatte: der Tod der Beziehungslosigkeit, der seinen Ausdruck in der Scheidung der Ehe gefunden hatte.

Verwaiste Eltern, verwaiste Mütter: Sie sind das Thema gezielter Trauerbegleitung seit Jahrzehnten und werden es bleiben.

Ein anderes Thema für die Seelsorge sind aber Kinder von Alleinerziehenden, die überlebt haben. Wenn es am Ende der Geschichte von der Witwe zu Nain lapidar heißt: „Und er (nämlich Jesus) gab ihn seiner Mutter,“ so stellt sich ja die Frage, wie sich das Verhältnis zwischen Mutter und Sohn in Zukunft gestaltet. Es geht ja nicht nur um die Frage der Sicherung der Altersversorgung.

2.

In den Mittelpunkt rückt das, was an dem Jugendlichen von Nain geschehen ist. Damit gerät dessen Mutter in den Hintergrund. Ein anderer aber wird zur Hauptperson: Jesus. Seine Wundertat wird groß heraus gestellt. Als „kyrios“, als „Herr“ wir er bezeichnet. Der Jugendliche ist wirklich tot. Er wird schon auf der Bahre, einem Tragegestell, aus der Stadt herausgetragen, ob in einem Sarg, wird nicht gesagt. Es ist aber unwahrscheinlich. Hier geschieht nun das Bemerkenswerte: Jesus zeigt keine Scheu vor dem Tode. Er bleibt angesichts des nahenden Leichenzugs nicht einfach schweigend stehen. So habe ich das noch in meiner Heimat erlebt: Wenn ein Leichenzug das Dorf durchquerte, blieben die Passanten stehen. Die Männer nahmen ihre Mütze vom Kopf. Hüte wurden auf dem Lande kaum getragen. Pferdefuhrwerke wurden angehalten. Als nach dem Zweiten Weltkrieg immer mehr Autos aufkamen, blieben auch diese stehen. Der Motor wurde abgestellt, bis der Leichenzug vorüber war.

Jesus bleibt nicht einfach pietätvoll stehen, sondern geht auf die Bahre zu und berührt sie. Er befiehlt dem Toten aufzustehen, und der steht auf. Er redet den jugendlichen Toten nicht mit Namen an, und es ist so, als liege ein Hauch von Anonymität über dem Ganzen. Bei aller Diskussion über anonyme Bestattungen gehört zur Trauerarbeit ja auch ein Bereich, der nicht in die Öffentlichkeit gehört. Vollmächtig, als Herr, tritt Jesus auf. Das mag der Grund dafür sein, dass der Evangelist Lukas unmittelbar vor die Geschichte von der Witwe von Nain die Geschichte vom Hauptmann von Kapernaum gestellt hat. Auch darin geht es um die Befehlsgewalt Jesu. „Mir ist gegeben alle Gewalt im Himmel und auf Erden. So geht hin in alle Welt und macht zu Jüngern alle Völker und tauft sie im Namen des Vaters und des Sohnes und des Heiligen Geistes und lehrt sie halten alles, was ich euch befohlen habe,“ (Mt 28,18-20). Diese Worte legt *Matthäus* am Schluss seines Evangeliums dem Auferstandenen in den Mund. Gelegentlich wird darauf hingewiesen, dass ja auch die Taufe ein Sterben und Auferstehen sei.

So drängt diese Geschichte an die Öffentlichkeit. Aus der Geschichte von der seelsorgerlichen Begegnung zwischen Jesus und der Witwe von Nain und der Auferweckung ihres Sohnes wird die Geschichte von dem Bekenntnis einer großen Gemeinde zu Jesus: [16] *Und es kam Furcht über alle, und sie priesen Gott und sagten: »Es ist ein großer Prophet unter uns aufgestanden.«*“ Sagte die Witwe von Zarpat noch zu Elia: „Nun erkenne ich, daß du ein Mann Gottes bist und des Herrn Wort in deinem Munde ist Wahrheit“ (1. Kön 17,24), so stimmt jetzt eine große Menschenmenge das Lob Gottes an und stellt den Zusammenhang zwischen der Geschichte von der Witwe von Nain, der Witwe von Zarpat und der Witwe von Sunem her. Eine wahrhaft bibelfeste Gemeinde! Eine Gemeinde aber auch, die keine Scheu vor dem Gedanken an den Tod hat und ihn nicht verdrängt. Es kommt nicht nur auf die *Menge* dieser Menschen an, sondern auch darauf, dass sie *von dem Handeln Jesu ergriffen und fasziniert* ist. Entsprechend wird auch Jesus von vornherein nicht nur von einer großen Menschenmenge, sondern auch seinen *Jüngern* begleitet. So entsteht das imposante Bild zweier einander entgegenziehender Menschengruppen, das schon Luther hat aufmerken lassen: Die Jünger und die große Menschenmenge mit Jesus und die große Menschenmenge, die den Trauerzug begleitet. Die *Demonstration des Lebens als Gegendemonstration gegen die Demonstration des Todes*. Entscheidend aber ist, dass beide Gruppen zusammenfinden in der *Ergriffenheit und Faszination von Jesus und dem Lobpreis Gottes sowie dem Bekenntnis zu dem Propheten Jesus*.

Der Erzähler dieser Geschichte lässt die große Menge dieses Bekenntnis zu Jesus, dem Propheten, sprechen, obwohl er selbst weiß, dass Jesus mehr ist: „*Herr*."

3.

Hier sind wir nun an einem entscheidenden Punkt angekommen, dem Gespräch mit dem *Islam*. Auch im Koran spielt Jesus eine wichtige Rolle, und zwar als Prophet. In vielen Gesprächen habe ich von christlicher Seite her gehört: „Bei den Moslems ist Jesus ja nur ein Prophet." In der Tat wird im Koran Jesus in die Reihe der Propheten eingeordnet, und dazu gehören merkwürdigerweise Adam, Abraham, Mose, aber auch Elia und Elisa. Jesus, der Prophet, wird in den Zusammenhang von Wundergeschichten biblischer Propheten gestellt. Er bringt auch unsere Geschichte mit den Geschichten um die Propheten zusammen. Diese spielen nicht nur im Alten Testament, sondern auch im Islam eine Rolle, in besonderer Weise Elia. Immer wieder ist Jesus geradezu mit Elia verwechselt worden so, als wäre mit ihm Elia wieder gekommen.

Wie gerufen kam mir daher ein Büchlein, das soeben bei Vandenhoeck & Ruprecht erschienen ist: „Elia und andere Propheten in Judentum, Christentum und Islam." Nicht schon im Koran, aber in den islamischen Prophetenerzählungen wird die *Rettungs- und Schutzfunktion Elias* herausgestellt, und der ins Leben zurückgebrachte Sohn der Witwe von Zarpat wird identifiziert mit dem Propheten *Jona*. So war das auch schon in den *jüdischen* Prophetenlegenden geschehen. Sie geben damit eine bemerkenswerte Antwort auf die Frage, was denn aus einem solchen vom Tode Wiedererweckten geworden sei. Diese Wiedererweckten kehrten demnach nicht einfach in den Schoß ihrer Mutter zurück, sondern wurden von Gott ihren eigenen Weg geführt. Angesichts der Todesmaschinerei, die über Syrien hereingebrochen ist, aber gewinnen alle diese Prophetengeschichten ein hohes Maß an Bedeutung. Sie lassen einen Hoffnungsschimmer in eine anscheinend unlösbare Menschheitstragödie fallen.

Die Alleinerziehende von Nain und ihr Sohn allerdings spielen im Islam keine Rolle.

4.

Diese Geschichte wäre allerdings auch für das Christentum verloren gewesen, wenn nicht *Lukas* sie aufgegriffen und in den Zusammenhang seines Evangeliums und seiner Apostelgeschichte gestellt hätte. Ihm verdanken wir in unserm Predigttext die Bemerkung: „*und Gott hat sein Volk besucht.*"

Erinnerungen werden wach an den Anfang des Lukasevangeliums. Dort beginnt Zacharias seinen Lobgesang nach der Geburt seines Sohnes Johannes, des späteren Täufers, mit den Worten: „Gelobt sei der Herr, der Gott Israels! Denn er hat sein Volk *besucht* und ihm Erlösung geschaffen," (Lk 1,68). Der Lobpreis endet mit den Worten: „Durch die herzliche Barmherzigkeit unseres Gottes hat uns *besucht* der Aufgang aus der Höhe, auf daß er erscheine denen, die da sitzen in Finsternis und

Schatten des Todes, und richte unsere Füße auf den Weg des Friedens," (Lk 1,78f.). Damit gibt Lukas auch die Richtung an für das neue Leben: „Und richte unsere Füße auf den Weg des Friedens."

Auf dem Höhepunkt der Apostelgeschichte wird die erste Gewinnung von Heiden für den christlichen Glauben als *„Besuch Gottes"* bezeichnet (Apg 15,14). Entsprechend stellt Lukas fest: „[17] *Und man redete über ihn in ganz Judäa und in der ganzen umliegenden Gegend.*" Aus der Geschichte von der Alleinerziehenden von Nain ist eine Geschichte von dem machtvoll auftretenden, Wunder wirkenden Propheten und Herrn Jesus geworden, der Bedeutung hat auch für Nichtjuden in aller Welt, insbesondere im unmittelbaren politischen Umfeld des Nahen Ostens. Dieser Jesus, dieser Herr allerdings ist für den Jugendlichen von Nain der *Lebensretter*. So möchte ich uns zum Schluss dieser Predigt dazu einladen, dass wir in die *Rolle dieses Jugendlichen* hineinschlüpfen.

5.

Der Jugendliche auf der Totenbahre. Wir auf der Totenbahre. Leichenstarr. Tot. Ohne Aussicht auf weiteres Leben. Und dann tritt Jesus herzu, berührt diese Bahre und spricht uns an: »Ich sage dir, steh auf!« Und wie der Jugendliche erwachen wir zu neuem Leben und stehen auf. Wir werden dem Leben, aus dem uns der Tod uns herausgerissen hatte, wiedergegeben. Als wenn dies das Normalste von der Welt wäre. Keine Reflektion über Nahtoderfahrungen oder Herzstillstand. Keine Reflektion über schon eingetretenen Hirntod, sondern einfach Rückkehr ins Leben. Rückkehr auch in ein Leben, in welchem der Tod der Beziehungslosigkeit schon seine Herrschaft angetreten hatte. Welches Leben der Jugendliche von Nain geführt hat, wird nicht erzählt, ob er schließlich als Muttersöhnchen gestorben ist oder als Karrieremensch. Jedenfalls war es ein neues Leben vor dem Tode, aber ein Leben, in welchen der Tod nicht mehr die Macht hatte, die er einmal besessen hatte. In welchem der Aufstand gegen den Tod gewagt und der Weg des Friedens gegangen werden konnte. Amen.

Grenzen des Regelungswahns (Mk 2,23-28)

Predigt am 13. Oktober 2013 (20. S. n. Trin.), St. Marien, Hamburg-Fuhlsbüttel

---

Mk 2,23 Und es begab sich, dass er am Sabbat durch ein Kornfeld ging, und seine Jünger fingen an, während sie gingen, Ähren auszuraufen.
24 Und die Pharisäer sprachen zu ihm: „Sieh doch! Warum tun deine Jünger am Sabbat, was nicht erlaubt ist?"
25 Und er sprach zu ihnen: „Habt ihr nie gelesen, was David tat, als er in Not war und ihn hungerte, ihn und die bei ihm waren: 26 wie er ging in das Haus Gottes zur Zeit Abjatars, des Hohepriesters, und aß die Schaubrote, die niemand essen darf als die Priester, und gab sie auch denen, die bei ihm waren?"
27 Und er sprach zu ihnen: „Der Sabbat ist um des Menschen willen gemacht und nicht der Mensch um des Sabbats willen."
28 So ist der Menschensohn ein Herr auch über den Sabbat.

Liebe Gemeinde,

1.

einen Sonntag nach dem Erntedankfest die Geschichte vom Ährenausraufen am Sabbat. Es ist so, als wenn noch einmal zurückgeschaltet würde in die Zeit *vor* der Ernte. In die Zeit auch, bevor das Getreide gemäht und gesammelt wird und so auch das Material liefert für die Erntedankkrone. Diese darf zum Erntedankfest auch in den städtischen Kirchengemeinden nicht fehlen.

Es ist auch die Zeit, in der wir vielleicht zurückschalten in unsere Kindheit, als uns die Getreidefelder noch näher waren. Da konnte es schon vorkommen, dass man an einem Roggenfeld entlang ging und versucht war, eine Ähre abzureißen, die Körner heraus zu pulen und zu zerkauen. Mehr als einmal bin ich gewarnt worden, das zu tun. Nicht nur von meinen Eltern, sondern auch von Spielgefährten. Körner zu essen, sei gefährlich. Man dachte dabei wohl an die schwarzen Mutterkörner, die in der Tat giftig sind. Zum Glück kamen sie nur selten vor. Aber aufpassen musste man schon.
Als ich diese Geschichte vom Ährenausraufen am Sabbat zum ersten Mal im Kindergottesdienst oder in der Grundschule hörte, geriet nicht nur ich, sondern auch der Kindergottesdiensthelfer und dann die Religionslehrerin in einen Autoritätskonflikt. Hatte Jesus nicht gesagt, es sei durchaus erlaubt, einmal eine Ähre samt Halm auszureißen und die Körner, zwischen den Zähnen zu Mehl zermahlen und zu verzehren? Und mit seinen Jüngern durch ein Getreidefeld zu gehen, hatten wir Kinder damit nicht Jesus auf unserer Seite, als wir quer durch ein Roggenfeld eine Schneise schlugen, um so auf kürzerem Wege zu den einen Kilometer entfernten Fluss zu gelangen, unserer Badeanstalt? Aber da hatten wir die Rechnung ohne den Landwirt gemacht. Postwendend meldete er sich bei unseren Eltern und beschwerte sich mit deutlichen Worten.

2.

Die Diskussion zwischen Jesus und den Pharisäern scheint sich aber auf einer anderen Ebene zu bewegen. Die Pharisäer halten Jesus vor, seine Jünger rupften *am Sabbat* die Ähren aus dem Boden, um sich davon zu ernähren. Warum duldet Jesus dieses Verhalten? Judentumskenner geben den Ball gleich an die Pharisäer zurück und halten ihnen das Wort von zwei Rabbis, also gelehrte Juden, vor, Rabbi Schim^{e}on ben Benasja und Rabbi Jonathan ben Joseph: „Euch ist der Sabbat übergeben; und nicht seid ihr dem Sabbat übergeben." Nichts anderes sagt doch auch Jesus: „Der Sabbat ist um des Menschen willen gemacht und nicht der Mensch um des Sabbats willen." Beide haben die Bibel auf ihrer Seite: Der erste Sabbat fand erst *nach* der Erschaffung des Menschen statt. Erst nachdem Gott den Menschen geschaffen hatte, ruhte Gott für einen Tag und mit ihm auch der Mensch.

Mit dieser Übereinstimmung aber fordern die Pharisäer und Jesus *uns* heraus. „Was ist *uns* eigentlich der Feiertag wert?" Wie wertvoll ein Feiertag sein kann, hat die Abschaffung des Buß- und Bettags gezeigt, der seit 1995 kein gesetzlicher Feiertag mehr ist, mit einer Ausnahme: dem Bundesland Sachsen. Es sollte durch den zusätzlichen Arbeitstag die Pflegeversicherung mit finanziert werden. Die Arbeitnehmerinnen und Arbeitnehmer in Sachsen zahlen daher 0,5 % des Bruttoarbeitsentgelts zusätzlich.

„Der Feiertag ist um des Menschen willen gemacht und nicht der Mensch um des Feiertags willen." Dass der Feiertag zum Tauschobjekt für die Finanzierung von Pflege gemacht wird, dass also an einem bisherigen Feiertag gearbeitet wird, das ist mit dem biblischen Sabbat schwerlich gemeint.

Der Feiertag dient der Ruhe, der geistigen, seelischen und körperlichen Erholung. Allerdings hat zumindest am Buß- und Bettag früher kaum jemand von dieser Möglichkeit Gebrauch gemacht. Erst nachdem er abgeschafft war, ist das Interesse an ihm gewachsen. Die am Buß- und Bettag geöffneten Geschäfte wiederum konnten es sich wie zum Beispiel Karstadt leisten, am Buß- und Bettag eine Betriebsversammlung abzuhalten, eingeleitet von einer Andacht durch den Hauptpastor von St. Petri. Überhaupt werden die langen Ladenöffnungszeiten längst nicht so in Anspruch genommen, wie man sich das einmal vorgestellt hatte.

3.

Wichtig für den Menschen ist der wöchentliche Ruhetag. Oder sogar zwei davon. Der Wochenrhythmus bestimmt das Leben in den Schulen. Unvorstellbar, dass es Stundenpläne im monatlichen Rhythmus gäbe. Totale Unübersichtlichkeit, totales Chaos wären die Folge, Dabei müssen viele Menschen in einem anderen Rhythmus arbeiten. In vielen dienstleistenden Berufen gibt es die Acht-Tage-Woche: Sechs Tage Arbeit, zwei Tage Ruhe. Alle sechs Wochen drei Tage Ruhe, die mit einem üblichen Wochenende zusammen fallen.

Der Verlust an Lebensqualität ist hoch, besonders, wenn in Wechselschichten gearbeitet werden muss: drei Tage Frühschicht, drei Tage Spätschicht: Eine Teilnahme an wöchentlich wiederkehrenden Veranstaltungen ist nicht möglich. Kein oder kaum ein Gottesdienst, keine Trainingsstunden im Verein, keine Mitwirkung in einem Chor.

Umgekehrt ist ein Leben nicht erst in unserer Zeit undenkbar, in dem der wöchentliche Feiertag stur durchgehalten wird. Ich habe dies noch in meiner Heimat bei Reformierten und Altreformierten erlebt: Am Sonntag gab es keinen Tanz. Spätestens am Sonnabend um 24.00 Uhr hatte man Feste, auch Klassenfeste zu verlassen. Theater gab es sowieso nicht. Ins Kino ging man auch nicht. Als meine Frau einmal an einem Sonntagmorgen vor dem Gottesdienst Wäsche von unseren Kindern auf die Leine im Garten hängen wollte, geriet mein ansonsten friedliebender Vater geradezu außer sich.

In den Krankenhäusern wurde natürlich gearbeitet, und die öffentlichen Verkehrsmittel fuhren auch. Aber gegessen wurde nichts außer einer Suppe. Oder es wurde lediglich eine Tasse Tee getrunken.

Mich traf es daher wie ein Schlag, als ich im Hamburger Landgebiet, in Vierlanden, da, wo man am vergangenen Sonntag das Erntedankfest wieder mit über 30.000 Gästen gefeiert hat, erlebte, dass sonntags gearbeitet wurde. Bis mittags musste die Ware, das Gemüse, fertig sein, damit der Großmarkt am Montagmorgen beschickt werden konnte. Für das Feiern musste man sich andere Ventile suchen.

Aber es gab auch Gärtner, die die Sonntagsruhe einhielten, denen der Gottesdienstbesuch wichtig war. Sollte man sie deshalb gleich für Pharisäer halten?

4.

Noch einmal zurück zu den Pharisäern und Jesus. Was haben sie eigentlich gegen das Verhalten der Jünger einzuwenden? Haben sie etwas dagegen, dass sie die Ähren mutwillig abreißen? Oder beurteilten sie das Ährenausrufen als Erntearbeit, die natürlich am Sabbat verboten war? Immerhin war und ist der wöchentliche Sabbat Kennzeichen für das Judentum – ebenso wie die Beschneidung der Jungen im Alter von acht Tagen. Auch Jesus war beschnitten. Es war feste Überzeugung von Pharisäern, dass, wenn der Sabbat zweimal hintereinander voll gehalten würde, dass dann der Messias käme. Diese Hoffnung wurde von Jesus radikal durchkreuzt.

Aber: Haben die Pharisäer sich überhaupt überlegt, ob die Jünger Hunger hatten? Welches Labsal kann es da sein, nur ein bisschen Essbares zwischen die Zähne zu bekommen.

Oder unterstellt der Evangelist Markus den Pharisäern pauschal ein Unverständnis für die Jünger? Eine Gesetzlichkeit, die den Menschen nicht mehr sieht? Es hat sich ja längst auch bei uns ein solches Bild von den Pharisäern eingebürgert – bis hin zu dem norddeutschen Getränk, welchem die Pharisäer ihren Namen gegeben haben. Der Pharisäer – der Inbegriff von Heuchelei. In Wirklichkeit aber standen die Pharisäer Jesus viel näher. Sie glaubten an die Auferstehung. Nikodemus, Simon von Kyrene, Joseph von Arimathäa – sie alle waren Pharisäer, die zu Jesus fanden.

Und: Wir selbst können jederzeit auch zu Pharisäern werden. Nämlich dann, wenn der Hinweis auf Gesetze es verhindert, dass zum Beispiel Menschen auf der Flucht ein neues Zuhause finden. Dass nun schon seit Monaten afrikanische Flüchtlinge in einer Kirche in St. Pauli Schutz gefunden haben, das zeugt davon, dass es einen Lebensschutz gibt, geben muss, der sich nicht durch Gesetze regeln lässt.

Mit souveräner Großzügigkeit verweist der Evangelist Markus auf das Verhalten des späteren Königs David. Er hatte eine kleine Truppe um sich geschart. Die Männer hatten Hunger. Sie kamen am Heiligtum von Nob vorbei. Dort waren Brote ausgestellt, die schließlich dem Priester zugutekommen sollten. David nahm sie trotzdem, um seinen Männern den Hunger zu stillen. Welche Großzügigkeit, aber auch: Welche Eigenmächtigkeit.

Ich höre auch schon die Einwände: „Wo kommen wir da hin, wenn jeder machen kann, was er will? Wir müssen doch auch einmal an uns denken! Und überhaupt: Ist Jesus nicht ein bisschen zu liberal?

Ehe wir es uns versehen, geraten wir auf die Seite der Gegner Jesu, auf die Seite der Pharisäer.

5.

In bewundernswerter Freiheit sagt Jesus: „Es lässt sich nicht alles durch Gesetze regeln. Ein Regelungswahn bringt nicht nur die Hilfebedürftigen, sondern auch euch ums Leben, um die Qualität eures Lebens. Entscheidender ist folgende Erkenntnis: „Wir nehmen Jesus als Herrn unseres Lebens und des Lebens unserer Mitmenschen wahr. Wir nehmen wahr, wie er in bewundernswerter Freiheit sagt: ‚Des Menschen Sohn ist Herr auch über den Sabbat.“ So lässt er uns diesen Feiertag genießen, aber uns gleichzeitig an diejenigen denken, die hungert nach Leben. Wir finden uns wieder in der Nähe der Jünger Jesu und damit auch in der Nähe von Jesus. Er ist unser Herr. Amen.

Der Eid und der Gehorsam gegenüber dem Wort Christi (Mt 5,33-37)

Predigt am 3. November 2013 (23. Sonntag nach Trinitatis) in der Hauptkirche St. Nikolai am Klosterstern

---

Mt 5,33 Jesus Christus spricht: „Ihr habt gehört, dass zu den Alten gesagt ist: Du sollst keinen falschen Eid schwören und sollst Gott deinen Eid halten.
34 Ich aber sage euch, dass ihr überhaupt nicht schwören sollt, weder bei dem Himmel, denn er ist Gottes Thron,
35 noch bei der Erde, denn sie ist der Schemel seiner Füße, noch bei Jerusalem, denn sie ist die Stadt des großen Königs.
36 Auch sollst du nicht bei deinem Kopf schwören; denn du vermagst nicht ein einziges Haar weiß oder schwarz zu machen.
37 Ihr sollt sagen: ›Ja, ja; nein, nein.‹ Was darüber hinausgeht, das ist vom Bösen.“

Liebe Gemeinde,

1.

am 5. Dezember 1966 war im Magazin DER SPIEGEL unter der Überschrift „Ja, ja, nein, nein“ folgender Beitrag zu lesen:

Der Vorsitzende der 4. Großen Strafkammer des Landgerichts Düsseldorf wandte sich an den Zeugen Pfarrer Werner Sanß: „Sind Sie bereit, Ihre Aussage zu beschwören?“ Sanß: „Nein.“
Der Gottesmann berief sich auf den „Gehorsam gegenüber dem Wort Christi“. Damit meinte er das Wort der Bergpredigt (Mt 5,33-37), das heute Predigttext ist:

Jesus Christus spricht: „Ihr habt gehört, dass zu den Alten gesagt ist: *Du sollst keinen falschen Eid schwören und sollst Gott deinen Eid halten.*
34 Ich aber sage euch, dass ihr überhaupt nicht schwören sollt, weder bei dem Himmel, denn er ist Gottes Thron,
35 noch bei der Erde, denn sie ist der Schemel seiner Füße, noch bei Jerusalem, denn sie ist die Stadt des großen Königs.
36 Auch sollst du nicht bei deinem Kopf schwören; denn du vermagst nicht ein einziges Haar weiß oder schwarz zu machen.
37 Ihr sollt sagen: ›Ja, ja; nein, nein.‹ Was darüber hinausgeht, das ist vom Bösen.“

Staatsanwalt Scholten blieb unbeeindruckt. Er beantragte, den Zeugen sofort zu bestrafen. Die Strafkammer zog sich zur Beratung zurück. Dann empfahl das Gericht dem Geistlichen, den Eid ohne die religiöse Beteuerungsformel „so wahr mir Gott helfe“ abzulegen. Doch der Pastor verweigerte den Eid auch in dieser Form. Er rechtfertigte sich: „Bei der Inflation der geforderten Eide habe ich mich seit Jahren festgelegt auf Jesu Wort aus der Bergpredigt.“ Und: „25 Jahre kam ich nicht in die Verlegenheit, schwören zu müssen. Meine Eidesverweigerung soll auch keineswegs ein grundsätzliches Nein zur staatlichen Ordnung sein.“

Das Gericht verurteilte Sanß nach Paragraph 70 der Strafprozeßordnung zu einer Ordnungsstrafe von 20 Mark. Begründung: Es *müsse* geschworen werden, weil nach dem Gesetz lediglich nicht „zur Benutzung einer *religiösen* Eidesformel gezwungen werden kann".

Sanß nahm seine Strafe nicht hin und legte Beschwerde ein.

Aber auch das Düsseldorfer Oberlandesgericht gab dem Paragraphen 70 der Strafprozeßordnung den Vorrang vor dem von Pfarrer Sanß wörtlich genommenen Jesuswort. Es räumte zwar ein, die „Gewissensgründe ... mögen ... aus religiösen Gesichtspunkten beachtenswert sein". Jedoch: „Für die rechtsprechende Gewalt ist die Eidesleistung im gerichtlichen Verfahren als Mittel der Wahrheitsfindung unerläßlich." Und: „Das Unrechtmäßige seines Verhaltens hätte er (Pastor Sanß) bei gehöriger, ihm nach seiner Vorbildung zuzumutender Gewissensanspannung klar erkennen können." Sanß wurde auch dazu verurteilt, die Kosten des Berufungsverfahrens zu tragen.

Der so gerügte Pfarrer hat durch seinen Rechtsanwalt beim Bundesverfassungsgericht in Karlsruhe Verfassungsbeschwerde eingelegt. Sanß und sein Anwalt beriefen sich auf Artikel 4 des Grundgesetzes: „Die Freiheit des Glaubens, des Gewissens und die Freiheit des religiösen und weltanschaulichen Bekenntnisses sind unverletzlich."

Das Bundesverfassungsgericht gab am 11. April 1972 Pfarrer Sanß Recht mit folgender Begründung: „Der Zeugeneid ist zwar, sofern er gemäß § 66c Abs. 2 StPO ohne Anrufung Gottes geleistet wird, nach der Wertordnung des Grundgesetzes eine rein weltliche Bekräftigung der Wahrheit einer Aussage ohne religiösen oder in anderer Weise transzendenten Bezug. Die entgegengesetzte Glaubensüberzeugung des Beschwerdeführers ist gleichwohl durch Art. 4 Abs. 1 GG geschützt. Der Beschwerdeführer war deshalb berechtigt, die Leistung des Eides zu verweigern; in der Wahrnehmung seines Grundrechts durfte er nicht durch die Verurteilung zu einer Ordnungsstrafe und zur Tragung von Kosten beeinträchtigt werden."

2.

Liebe Gemeinde, wie ist nach diesem eindrucksvollen Urteil dann eigentlich das Versprechen zu beurteilen, das in der Kirche an bestimmten Stationen des Lebens abgelegt wird? Bei der Taufe zum Beispiel das Versprechen der Eltern und Paten oder der zu Taufenden selbst? Bei der Konfirmation das Versprechen der Konfirmandinnen und Konfirmanden, bei der Trauung das Versprechen des Brautpaares, das Versprechen auch bei der Beichte? Sind die Fragen, die an diesen Knotenpunkten des Lebens gestellt werden, nicht Überforderungen und das „Ja" von vornherein mit dem Makel der Unaufrichtigkeit behaftet? Und: Wie soll die Antwort lauten? „Ja, mit Gottes Hilfe?" Oder steht ein einfaches „Ja" mehr in Einklang mit der Position Jesu: „Eure Rede sei: ‚Ja, ja, nein, nein!'"?

Ich bin immer wieder einmal auf Protest gestoßen, wenn ich dieses einfache „Ja!" als Antwort vorschlug und nicht „Ja, mit Gottes Hilfe." „Mit einem einfachen ‚Ja' überfordert sich doch der Mensch," hörte ich dann. „Er braucht auf seinem Lebenswege doch Gottes Hilfe." Andere wiederum sagen: „Das ‚Mit Gottes Hilfe‘ stellt ein Hintertürchen dar. Wenn das, worauf ich mich mit meinem Versprechen einlasse, nicht gelingt, kann ich immer noch Gott dafür verantwortlich machen. Da ist ein einfaches ‚Ja‘ ehrlicher.“

Aber dieses einfache „Ja“ erinnert auch an Versprechen, an Eide bei Amtseinführungen, bei denen die Betreffenden mit dem Verzicht auf das „So wahr mir Gott helfe“ bekunden, dass sie der Kirche nicht unbedingt nahe stehen. Als ich vor zwanzig Jahren in St. Nikolai als Hauptpastor eingeführt wurde, habe ich geantwortet: „Ja, mit Gottes Hilfe.“ Ich war mir dessen bewusst, dass ich in meinem zukünftigen Reden und Handeln die Hilfe Gottes, gerade auch die vergebende Hilfe Gottes immer wieder brauchen würde.

Aber: war meine Antwort abgedeckt durch das, was Jesus in seinem Wort über das Schwören fordert?

3.

Liebe Gemeinde, es könnte, denke ich, hilfreich sein, wenn man zweierlei verschiedene Formen des Schwörens voneinander unterscheidet: das Schwören als Versprechen und das Schwören zum Zwecke der Wahrheitsfindung.

Ich habe noch in lebendiger Erinnerung, dass vor Jahren ein Mann starb, der ganz regelmäßig unsere Gottesdienste in St. Nikolai besucht hatte. Er hatte, wie ich beim Trauergespräch erfuhr, in einer lebensgefährlichen Situation das Versprechen abgelegt: „Wenn ich hier wieder herauskomme, dann gehe ich alle vierzehn Tage in den Gottesdienst.“ Er hat dieses Versprechen eingelöst. Ich habe ihn beerdigt, obwohl sich im Gespräch mit seiner Familie herausstellte, dass er keiner Kirche angehörte, wohl aber seine Familienangehörigen. Die aber hatten sich nie in den Gottesdiensten sehen lassen.

Umgekehrt: Das Schwören und die Wahrheitsfindung. Dieses Thema steht im Raum bei den eidesstattlichen Versicherungen des suspendierten Limburger Bischofs Franz-Peter Tebartz-van Elst. Ganz unabhängig von der Entscheidung des Hamburger Gerichts über den von der Staatsanwaltschaft beantragten Strafbefehl: Wäre Tebartz-van Elst besser dran, wenn er diese eidesstattlichen Versicherungen nicht gegeben hätte, sondern dem Wort Jesu aus der Bergpredigt gefolgt wäre?

Ich fürchte, dass wir uns mit diesen Unterscheidungen auf einem Holzweg befinden. Jesus schließt ja gerade aus, dass man sich mit bestimmten Eidesformeln ein Schlupfloch suchen könnte.

4.

Vier verschiedene Fälle listet er auf: das Schwören beim Himmel, das Schwören bei der Erde, das Schwören bei Jerusalem und das Schwören beim eigenen Kopf. Man meinte, wenn man solche Schwurformeln verwende, könne man auch die Unwahrheit sagen. Jesus spricht sich dagegen aus. Er spricht sich vor allem gegen die Uneindeutigkeit aus, die in solchen Schwurworten enthalten ist.

Und: Selbst in solchen Ausflüchten stößt man doch immer wieder auf Gott. Jeder Schwur, wie profan er auch immer formuliert sein mag, hat mit Gott zu tun. Auch der profane Schwur eines Politikers oder einer Politikerin im Bundestag.

Wenn Jesus nun sagt: „Eure Rede sei: ‚Ja, ja, nein, nein,'" dann will er nicht auf ein Schlupfloch hinweisen, sondern auf Wahrhaftigkeit: „Redet so miteinander, dass es wahrhaftig ist. Redet eindeutig: entweder ‚Ja, ja' oder ‚Nein, nein'. Und damit Ihr mich richtig versteht: „Ich meine damit: ‚Euer Ja sei ein Ja, und euer Nein sei ein Nein, eindeutig.'"

Liebe Gemeinde, wir könnten unseren Alltag gar nicht gestalten, wenn wir unseren Mitmenschen nicht immer wieder unser Wort gäben. Wenn wir einen Freund oder eine Freundin fragen: „Kommst du morgen um 17 Uhr zu mir?" dann erwarten wir keinen Schwur, sondern ein klares Ja oder ein klares Nein. Wir erwarten als Antwort natürlich nicht: „Ich schwöre es." Aber wir haben das Wort unserer Freundin, unseres Freundes, und darauf verlassen wir uns. Diesem Wort können wir vertrauen. Wenn Jesus uns als Antwort ein klares Ja oder auch ein klares Nein nahe legt, dann behandelt er uns wie seine Freundinnen und Freunde, wie Freundinnen und Freunde Gottes, und diese Freundschaft ist bestimmt von gegenseitigem Vertrauen.

5.

Jesus hat mit seinem Verbot zu schwören, viele Nachfolger gefunden. Matthäus gehörte dazu. Er hat als einziger Evangelist dieses Wort aufgenommen. Aber ausgerechnet der Jakobusbrief, von Luther als „stroherne Epistel" bezeichnet, geht auch auf dieses Thema ein und findet eine ähnliche Antwort.

Die Mennoniten und die Quäker lehnen den Eid ab. Für die Mennoniten haben verschiedene Bundesländer eine spezielle Beteuerungsformel entworfen: „Ich gelobe unter Handschlag."

Diejenigen unter uns, die noch Martin Luthers Kleinen Katechismus mit Erklärungen auswendig gelernt haben, werden sich des zweiten Gebots erinnern: „Du sollst den Namen des Herrn, deines Gottes nicht unnützlich führen; denn der Herr wird den nicht ungestraft lassen, der seinen Namen missbraucht." Dazu die Erklärung: „Wir sollen Gott fürchten und lieben, dass wir bei seinem Namen nicht fluchen, schwören, zaubern, lügen oder trügen." Jesus nimmt noch auf ein anderes Gebot Bezug: „Du sollst nicht falsch Zeugnis reden wider deinen Nächsten," und Luther erklärt dieses Gebot so: „Wir sollen Gott fürchten und lieben, daß wir unsern Nächsten nicht belügen, verraten, verleumden oder seinen Ruf verderben."

Damit wird klar: Jesus schafft nicht immer neue Ausführungsbestimmungen zum Thema Schwören, sondern er führt unterschiedliche Gebote unter einer Empfehlung zusammen: „Euer ‚Ja' sei ein ‚Ja', und euer ‚Nein' sei ein ‚Nein.'" Rat unter Freunden. Vertrauensstiftend und wahr zugleich. Amen.

Die Freude Gottes (Apg 16,7-15)

Predigt am 23. Februar 2014 (Sexagesimae) um 10 Uhr in St. Marien Hamburg-Fuhlsbüttel

---

Apg 16 7 Als sie bis nach Mysien gekommen waren, versuchten sie, nach Bithynien zu reisen; und der Geist erlaubte es ihnen nicht.
8 So zogen sie an Mysien vorüber und kamen hinab nach Troas.
9 Und dem Paulus erschien eine Vision bei Nacht: Ein Mann aus Mazedonien stand da und bat ihn: »Komm herüber nach Mazedonien und hilf uns!«
10 Als er aber die Vision gesehen hatte, versuchten wir sofort, nach Mazedonien zu reisen, überzeugt, dass uns der Herr dahin berufen hatte, um ihnen das Evangelium zu predigen.
11 Da fuhren wir von Troas ab und kamen geradewegs nach Samothrake, am nächsten Tag nach Neapolis
12 und von dort nach Philippi, das die erste Stadt jenes Teils von Mazedonien ist, eine Kolonie. Wir blieben aber einige Tage in dieser Stadt.
13 Am Sabbat gingen wir vor die Stadt hinaus an den Fluss, wo man zu beten pflegte, und setzten uns und redeten zu den Frauen, die da zusammenkamen.
14 Und eine gottesfürchtige Frau mit Namen Lydia, eine Purpurkrämerin aus der Stadt Thyatira, hörte zu; ihr tat der Herr das Herz auf, sodass sie darauf achthatte, was von Paulus geredet wurde.
15 Als sie aber getauft worden war und ihr Haus, bat sie uns: »Wenn ihr überzeugt seid, dass ich an den Herrn gläubig geworden bin, dann kommt in mein Haus und bleibt da.« Und sie bat uns eindringlich.

Liebe Gemeinde,

1.

wenn es in der Bibel so etwas wie einen Reiseführer gibt, dann sind das die Berichte von den Missionsreisen des Apostels Paulus durch Zypern, Kleinasien, Griechenland und eben auch Makedonien. In jeder Bibelausgabe finden wir eine Landkarte, auf welcher diese Reisen verzeichnet sind. Wir verdanken diese Reiseberichte Lukas, der nicht nur ein wunderschönes Evangelium mit der bekannten Weihnachtsgeschichte geschrieben hat, sondern auch die Apostelgeschichte. Lukas war ein gebildeter Mann. Er stammte wahrscheinlich aus Philippi in Makedonien und gehörte der makedonischen Urbevölkerung an, die sich immer noch ihrer Wurzeln bewusst war, als längst die Römer das Gebiet erobert hatten.

Hier lebte eine Frau mit Namen Lydia. Wahrscheinlich stammte sie aus Lydien, einer Landschaft an der Aegaeis-Küste im Westen der heutigen Türkei, daher ihr Name: Lydia, die Lydierin. Sie handelte mit Purpur, einem kostbaren Farbstoff, mit dem man es zu Reichtum bringen konnte. Als Ausländerin zog sie nach Philippi und machte dort offensichtlich so gute Geschäfte, dass sie sich ein eigenes Haus leisten konnte.

Sie gehörte in die Nähe der dortigen jüdischen Gemeinde. Sie war zwar kein Vollmitglied, sondern befand sich in einem gewissen Wartestand. Man bezeichnete solche Menschen als Gottesfürchtige. Es gab aber nur so wenige Juden in Philippi, dass man sich keine eigene Synagoge leisten konnte, sondern sich am Sabbat vor einem der drei Stadttore an einer Gebetsstätte zu einem Open-Air-Gottesdienst versammelte. Zu diesem fanden sich nicht nur Frauen, sondern auch Männer ein, die Frauen aber anscheinend in der Überzahl.

Eines Tages – die Gelehrten streiten sich darüber, ob es sich um das Jahr 42, also zehn bis zwölf Jahre nach Tod und Auferstehung Jesu, handelt oder aber sieben Jahre später – erschien an einem Sabbat an der Gebetsstätte von Philippi der Apostel Paulus. Er hatte einen langen Weg hinter sich. Er hatte eine Vision gehabt: Ein Makedonier war ihm erschienen und hatte ihm zugerufen: „Komm herüber und hilf uns!" Paulus kam nach Philippi. Er schaute sich in der Stadt um. Eines Tages kam er vor das Stadttor. Dort waren Frauen zum Gebet versammelt. Paulus setzte sich zusammen mit seinen Begleitern zu den Frauen; sie redeten zu ihnen. Worum es ging, ist klar: um das Evangelium, die Frohe Botschaft von Jesus Christus. Sie kann aufgehen wie eine Pflanze und Frucht bringen oder auch nicht. Sie kann wie eine scharfe Waffe sein, die das Leben verändert. Einer dieser Frauen wurde das Herz geöffnet. Sie lauschte auf das, was Paulus erzählte: Lydia. Es traf die Purpurhändlerin so sehr ins Herz, dass sie sich taufen ließ, und zwar mit ihrem ganzen Hause. Ob sie verheiratet war, wird nicht gesagt. Ob sie Kinder hatte, auch nicht. Wenn das der Fall war, wurden auch diese alle getauft. Und ihre Mitarbeitenden, die sie hatte bei der Produktion des Purpurs. Und ihre Hausangestellten. Wer weiß, wen sie alles aus Lydien, aus ihrer Heimatstadt Thyatira, mitgebracht hatte. Dabei blieb es nicht. Lydia lud sie alle in ihr Haus ein. Sie kamen und blieben. Die erste christliche Gemeinde des Paulus war gegründet! Es sollte seine Lieblingsgemeinde werden. In seinem Brief an die Philipper wird das Zeile für Zeile deutlich.

Man hat auch gesagt, die erste christliche Gemeinde in Europa sei damals gegründet worden. Aber das Wort Europa sucht man in unserem Text aus der Apostelgeschichte vergeblich. Es findet sich auch in der ganzen Bibel nicht, so sehr auch Bibelübersetzer versucht waren und sind, diese Überschrift über unseren Text zu setzen: „Das Evangelium kommt nach Europa." Aber trotz bevorstehender Europawahl werde ich der Versuchung widerstehen, aus dieser Predigt eine Europa-Predigt zu machen. So interessant es denn auch wäre, eins herauszustellen: „Erste von Paulus getaufte Christin in einer europäischen Gemeinde war Lydia, eine Ausländerin aus der heutigen Türkei." Paulus kommt aber nicht ungerufen. Ein Makedonier war ihm in einer Vision erschienen und hatte ihm gesagt: „Komm herüber und hilf uns!"

2.

Ich höre aber auch schon Fragen in Ihnen, in Euch hochkommen: Ob das alles so stimmt, was Lukas da in der Apostelgeschichte schreibt? Woher hat er überhaupt seine Kenntnisse? Sind sie überhaupt belastbar? Was ist überhaupt aus dem Makedonier geworden, der den Apostel Paulus rief: „Komm herüber und hilf uns!?"

Diese Fragen kann man an den Evangelisten Lukas richten, der etwa im Jahre 90 n. Chr. sein großes Doppelwerk schrieb, das Lukasevangelium und die Apostelgeschichte. Lukas ist ganz gewiss nie im Heiligen Land gewesen. Er hat sich die geographischen Kenntnisse aus Büchern zusammengelesen und da im Rahmen des Möglichen hervorragende Arbeit geleistet.

Aber, und das hat die neueste Forschung herausgefunden: Lukas stammte aus Philippi. Er hatte eine Ortskenntnis gerade von Philippi, aus der sich die präzisen Angaben erklären. Er griff einerseits auf einen Reisebericht von Begleitern des Paulus zurück und andererseits auf seine ausgezeichneten persönlichen Ortskenntnisse, die er von Philippi besaß. Lukas war möglicherweise das erste männliche Mitglied der Gemeinde in Philippi, sein berühmtestes war er neben Lydia in jedem Fall.

Lukas weiß, dass Philippi Hauptstadt eines der von den Römern in vier Teile aufgeteilten römischen Provinz Makedonien war. Er weiß, dass Philippi römische Kolonie war. Das teilt er in der Apostelgeschichte mit, so dass auch der heutige Leser aus diesem Geschichtswissen Gewinn ziehen kann.

Und: Lukas war Makedonier. Ob er sich selbst in der Figur des Makedoniers ins Spiel bringt, ob er selbst hinter dem Ruf steht: „Komm herüber und hilf uns!?“

3.

Liebe Gemeinde, mir macht diese Beschäftigung mit der Frühgeschichte des Christentums und ihren Schriften Freude. Aber die Forschung ist auf halber Strecke stehen geblieben. Man hat zwar mit Recht gesagt: „Lukas stammte aus Philippi, und er gehörte zur Gemeinde in Philippi. Alles, was Lukas über Philippi sagt, ist genau und zeugt von einer ganz immensen Ortskenntnis. Er war Makedonier.“ Aber eins hat man bei allem nicht gefragt: „Hat sich das, was Paulus in seinem Brief an die Philipper geschrieben hat, ausgewirkt auf das Lukasevangelium? Wie hat es sich ausgewirkt?“

Wenn es *ein Wort* gibt, das den Philipperbrief durchzieht, und wenn es *ein Wort* gibt, welches das Lukasevangelium durchzieht, dann ist es das Wort *Freude.* Es gibt kein Kapitel im Philipperbrief, in welchem nicht das Wort Freude oder Sich freuen gebraucht würde: fünfmal das Wort Freude, sechsmal Sich freuen, einmal das Wort Freudigkeit und einmal das Wort fröhlich, nicht zuletzt achtmal das Wort Evangelium, frohe Botschaft – und das alles in nur vier Kapiteln! Wer hat den Ruf zur Freude aus dem Philipperbrief nicht schon gehört: „Freut euch in dem Herrn allewege, und abermals sage ich: Freut euch! Der Herr ist nahe.“

Es ist so, als wenn der Paulus-Kenner unter den Evangelisten, Lukas, diesen Ruf wahrgenommen habe, als wenn er sich habe anstecken lassen von diesem Ruf zur Freude. Nicht ohne Grund hat Helmut Gollwitzer seiner Auslegung des Lukasevangeliums den Titel gegeben: „Die Freude Gottes.“ Am bekanntesten sind die drei Gleichnisse vom Verlorenen, vom verlorenen Schaf, dem verlorenen Groschen und dem verlorenen Sohn; sie enden alle mit der Freude über das Wiedergefundene, ganz zu schweigen von der Weihnachtsgeschichte des Lukas: „Siehe, ich verkündige euch große Freude, die allem Volk widerfahren wird.“ In der Apostelgeschichte geht das so weiter: Immer wieder dieser Ruf zur Freude. Immer wieder Feststellung dessen, dass Menschen sich freuten. Immer wieder die Entdeckung des Evangeliums, der frohen Botschaft.

Mich bewegen diese Rufe zur Freude auch ganz persönlich; denn vor 58 Jahren habe ich folgenden Konfirmationsspruch mit auf den Weg meines Lebens bekommen: „Freut euch aber, dass Eure Namen im Himmel geschrieben sind.“ Er stammt aus dem Lukasevangelium: Kapitel 10, Vers 20. Wieder dieser Ruf zur Freude an eine Gemeinschaft.

Wenn dieser vielfache Ruf zur Freude in der Advents- und Weihnachtszeit laut wird, dann gehört das fest dazu: „Tochter Zion, freue dich, jauchze laut, Jerusalem.“ „Fröhlich soll mein Herze springen dieser Zeit, da vor Freud alle Engel singen,“ „O du fröhliche – freue dich, o Christenheit!“ Und dann natürlich auch zu Ostern: „Wir wollen alle fröhlich sein in dieser österlichen Zeit.“ „Christ ist erstanden von der Marter allen – des solln wir alle froh sein.“

4.

Liebe Gemeinde, vor Jahren hatte ich in Hamburg meine Lydia. Sie war zwar keine Türkin, aber irgendwo passte sie in die kirchliche Landschaft nicht so ganz hinein. Sie war Tochter eines führenden Hamburger SPD-Politikers. Sie wurde als Kind nicht getauft und später auch nicht. Aber sie fand in den letzten 20 Jahren ihres Lebens in der Hauptkirche St. Nikolai so etwas wie eine religiöse Heimat. Sie hielt Vorträge und Seminare. Dazu hatte es eines eigenen Kirchenvorstandsbeschlusses bedurft. Sie sang gern, und so schloss sie sich der Seniorenkantorei an. Sie gehörte zu meinen sehr aufmerksamen Predigthörerinnen. Ihre kompetenten Rückmeldungen waren mir eine große Hilfe. Als sie 80 Jahre alt war, fragte sie mich, ob wir in Abständen von etwa drei Monaten theologische Gespräche miteinander führen könnten. Sie habe da noch einiges aufzuarbeiten. Ich willigte ein. Innerlich hatte ich mich darauf eingestellt, dass sie sich mit mir auf ihre Taufe vorbereiten wollte. Aber so weit ist es nicht gekommen. Wir haben zwar wesentliche Teile des Katechismus durchgesprochen, die Zehn Gebote, das Vaterunser, den ersten und den dritten Artikel des Glaubensbekenntnisses. Aber beim zweiten Artikel hakte es bei ihr. Sie lehnte es ab, Jesus Christus als ihren Erlöser ansehen zu wollen. Sie erkannte mit scharfem Verstand, dass es um ihn auch in der Taufe ging. Wir sind in unseren Gesprächen über Jesus sehr weit gekommen. Sie konnte dem Jesus der Bergpredigt sehr gut folgen, den Seligpreisungen, dem Vaterunser, der Goldenen Regel: „Alles nun, was ihr wollt, dass euch die Leute tun sollen, das tut ihr ihnen auch.“ Danach hatte sie gelebt, und danach lebte sie.

Sie erzählte mir, wie wichtig ihr ihr großer Bruder gewesen sei. Er war im Zweiten Weltkrieg gefallen. Diese Erinnerung wurde uns zu einer theologischen Verständigungsbrücke. Wir einigten uns auf die Formulierung, dass Jesus ihr großer Bruder sei. Zur Taufe aber ist es nicht gekommen. Vielleicht hatte ich zu großen Respekt vor dieser Frau, vielleicht hatte ich auch zu wenig Mut, ihr den letzten Schubs in das Wasser der Taufe zu geben, ihr diese letzte Lebenserfahrung zu geben, wie es sich in dem Wasser der Taufe leben lässt.

5.

Die Geschichte von der Taufe der Lydia macht mir Mut, im Nachherein zu sagen: „So verkehrt hast du das vielleicht mit dieser schließlich 85 Jahre alten Frau gar nicht gemacht." Lydia war ja nicht nur eine Frau, die in der jüdischen Gemeinde von Philippi ihre religiöse Nische gefunden hatte; sie war nicht nur eine Frau, die sich von dem Herrn das Herz öffnen ließ, für das, was Paulus und seine Begleiter ihr zu erzählen hatten, sondern sie war auch eine Frau, die respektvoll mit Paulus und seinen Freunden umging: „Wenn ihr überzeugt seid, dass ich an den Herrn gläubig geworden bin, dann kommt in mein Haus und bleibt da."

Die schließlich 85 Jahre alte Frau lud meine Frau und mich etwa zehn Tage vor ihrem Tode in ihre Wohnung in einem kirchlichen Altenheim ein, um von uns Abschied zu nehmen. Sie lag schon fest in ihrem Sterbebett. Sie hatte eine Ahnung davon, wie wichtig für eine solche Schlüsselsituation vorgeprägte Texte sein konnten. Sie forderte mich auf, die obere Schublade ihres Nachttisches zu öffnen und das Evangelische Gesangbuch herauszuholen. Sie bat mich, das Lied „Befiehl du deine Wege" aufzuschlagen und es mit ihr zu beten. Wir haben nicht alle zwölf Strophen geschafft. In jedem Fall gehörte aber die dritte Strophe dazu: „Dein ewge Treu und Gnade, o Vater, weiß und sieht, was gut sei oder schade / dem sterblichen Geblüt. Und was du dann erlesen, das treibst du, starker Held / und bringst zum Stand und Wesen, was deinem Rat gefällt." Lebensbekenntnis eines Menschen, dem das Evangelium ganz nahe gekommen war, der den Ruf zur Freude vernommen hatte, mitten in Hamburg, mitten im Europa des 20. und sogar noch des 21. Jahrhunderts. Amen.

„Es wird regiert“ (Eph 1,20b-23)

Predigt am 29. Mai 2014 in Soltau (Ahlftener Flatt, OpenAir-Gottesdienst)

Eph 1,20b Und er [Gott] setzte ihn [Christus] zu seiner Rechten in den himmlischen Örtern, 21 über jedes Fürstentum und jede Gewalt und Kraft und Herrschaft und jeden Namen, der genannt wird, nicht allein in diesem Zeitalter, sondern auch in dem zukünftigen, 22 und hat alles seinen Füßen unterworfen und ihn als Haupt über alles der Kirche gegeben, 23 welche sein Leib ist, die Fülle dessen, der alles in allem erfüllt.

Liebe Himmelfahrtsgemeinde,

1.

„Gut regiert!“ Dieses Motto steht über diesem Gottesdienst, über dem, was Ihr Jugendlichen zusammen mit Friedhelm Hoffmann vorbereitet und uns präsentiert habt.

„Es wird regiert!“ Das hat ein 82 Jahre alter Mann am Telefon seinem engsten Freunde gesagt, kurz vor seinem Tode. Darin spricht sich eine ganz große Hoffnung aus – über den nahenden Tod hinaus. Der alte Mann, der dieser Hoffnung Ausdruck gab, war der Schweizer Theologe Karl Barth. Manche bezeichnen ihn als den größten Theologen des 20. Jh. Was wenige wissen: Karl Barth besuchte im Jahre 1921 die Grafschaft Bentheim, wo Friedhelm Hoffmann und ich aufgewachsen sind, und einige aus unserer Heimatgemeinde haben die Reise hierher angetreten, um diesen Gottesdienst mit zu erleben. Genau dem Freunde, mit dem Karl Barth 47 Jahre später kurz vor seinem Tode telefonierte, schrieb er 1921 einen Brief. Darin war zu lesen: „Ich war zu Besuch in der Grafschaft Bentheim. Die Menschen dort kennen die ganze Glaubenslehre von der Schöpfung bis zum Jüngsten Gericht so gut, dass ich ihnen nichts mehr beibringen kann.“ Damit meinte er gewiss auch die Aussage des Glaubensbekenntnisses: „„... aufgefahren in den Himmel.“

„Es wird regiert!“ Als Karl Barth diese Hoffnung aussprach, dachte er aber er aber nicht nur an seinen Tod und was danach kommen würde. Man schrieb das Jahr 1968, welches den größten Machtwechsel, den größten Autoritätswechsel des vergangenen Jahrhunderts mit sich brachte. Noch heute steht die 1968er Generation für antiautoritäre Erziehung, für Anarchie, für Herrschaftsfreiheit. Damals boten Lehrerinnen und Lehrer ihren Schülerinnen und Schülern das Du an. Das Du ist seitdem allgemein gebräuchlicher geworden in Deutschland. Was geschehen war, merkte ich erst, als ich nach einem zweijährigen Auslandaufenthalt nach Deutschland zurückkehrte. Im Herbst 1969 nahm ich in Heidelberg an der ersten Sitzung eines alttestamentlichen Seminars unter Leitung meines verehrten Professors Claus Westermann teil. Für die jungen aufmüpfigen Studenten war aus Professor Westermann – längst Herr Westermann geworden. Ein Student wagte sogar folgende Kritik:

„Herr Westermann, was Sie da gerade eben gesagt haben, das war aber sehr naiv." Der Professor ließ sich nicht provozieren und blieb sachlich.

„Es wird regiert!" als Karl Barth am Vorabend seines Todes dies seinem Freunde sagte, da legte er auch ein Bekenntnis ab angesichts der politischen Umstürze jener Zeit. Es war auch die Zeit, da der Vietnamkrieg für die Amerikaner verloren ging. Und so ist dies heute ein umfassendes Bekenntnis angesichts der immer undurchschaubarer werdenden Machtwechsel nicht nur in der Ukraine, sondern auch in Afrika und Asien und Lateinamerika, von Syrien ganz zu schweigen.

2.

Was Karl Barth mit diesem kurzen Satz zum Ausdruck brachte, spricht der Predigttext für den heutigen Himmelfahrtstag aus:

(und er [Gott] setzte ihn [Christus] zu seiner Rechten in den himmlischen Örtern, *21 über jedes Fürstentum und jede Gewalt und Kraft und Herrschaft und jeden Namen, der genannt wird, nicht allein in diesem Zeitalter, sondern auch in dem zukünftigen, *22 und hat alles seinen Füßen unterworfen und ihn als Haupt über alles der Kirche gegeben, *23 welche sein Leib ist, die Fülle dessen, der alles in allem erfüllt);

Das sind ein paar mehr Wörter als diejenigen von Karl Barth und als das Motto für diesen Gottesdienst. Genau betrachtet, stellen sie den Abschluss eines langen Lobpreises Gottes dar, der sich über 21 Verse hinweg zieht. Nirgendwo in der gesamten Literatur jener Zeit findet man noch einmal ein solches Ungetüm von Satz. Es handelt sich bei diesem 21-Zeiler, bei diesem Lobpreis um ein Liebeslied an Gott und einen Liebesbrief an die Kirche zugleich. In einem Liebesbrief kann man in der Tat einen solchen Stil an den Tag legen. Da wollen die Liebesbezeugungen kein Ende nehmen. Da ist es auch einerlei, ob sie auf Papyrus formuliert werden wie in einem Brief damals oder auf Papier, umgeben von einem schönen Briefumschlag oder aber als e-mail oder als sms. Die Liebe sucht sich ihren eigenen Stil. Eine Liebeserklärung an Gott kann auch in mündlicher Form geschehen, im Gebet, im Lobpreis seiner Pracht und seiner Macht, aber auch im Lobpreis seiner Liebe zu mir.

3.

Aber warum muss Gottes Liebesbrief an mich einen so weiten Umweg nehmen? Zunächst ist er an eine Kirchengemeinde geschrieben worden, an die Kirchengemeinde in Ephesus in der heutigen Türkei. Dort ist dieser Brief im Gottesdienst vorgelesen worden. Wahrscheinlich ist er auch abgeschrieben worden und schließlich in die Bibel, in das Neue Testament gelangt. Und so sprechen uns 3 ½ Verse aus diesem Brief heute Morgen als Predigttext an. An wen aber richtet er sich? Richtet er sich zunächst an die Kirche oder doch wenigstens an die Gemeinde oder die Versammlung, wie es in manchen Übersetzungen heißt? Es ist ja wirklich ein tolles Erlebnis, dass wir uns hier heute Morgen in dieser großen Gemeinde zum Gottesdienst versammeln können. Und wenn der Himmel heute Morgen seine Schleusen geöffnet hätte und es nur so geschüttet hätte, dann hätten wir auf eine Kirche als Ausweichquartier zurückgreifen können. Dennoch: Unser Predigttext ist nicht einfach ein Lobpreis auf die Kirche. Es geht um Jesus Christus, es geht um den auferstandenen Herrn der Kirche: „Es wird regiert!“

4.

Was bedeutet das? Wir haben den Auftrag Jesu zur Taufe gehört: „Mir ist gegeben alle Gewalt im Himmel und auf Erden. Darum geht hin in alle Welt und macht zu Jüngern alle Völker und tauft sie im Namen des Vaters und des Sohnes und des Heiligen Geistes und lehrt sie halten alles, was ich euch befohlen habe.“ Damit endet das Matthäusevangelium. Für Matthäus ist dieser Auftrag zur Taufe gleich nach der Auferstehung von Jesus so wichtig, dass er gar keinen eigenen Bericht von der Himmelfahrt Jesu bietet. Ihm ist dies Eine wichtig: „Es wird regiert.“ Aber es wird regiert in einem ganz bestimmten Sinne, nämlich so, wie Jesus das in der Bergpredigt gesagt hat. „Selig sind, die hungert und dürstet nach der Gerechtigkeit, denn sie sollen satt werden. – Selig sind die Barmherzigen, denn sie werden Barmherzigkeit erlangen. – Selig sind die Friedensstifter, denn sie werden Gottes Kinder heißen. – Selig sind, die um der Gerechtigkeit willen verfolgt werden, denn ihnen gehört das Himmelreich.“ Sich von Jesus Christus regieren lassen, das bedeutet: „Ich lasse mich von ihm so aufwerten, wie er es mit diesen Worten tut.“

5.

Himmelfahrt – Jesus Christus hat seine Herrschaft angetreten. Und ich muss denken an eine Frühlingsnacht auf der griechischen Insel Simi. Ich hatte ein halbes Jahr vorher eine schwere Operation überstanden, und nun standen wir, eine Reisegruppe von etwa dreißig Personen, unter dem nächtlichen Himmel der Aegaeis und sangen: „Der Himmel geht über allen auf.“

Ich spürte den Himmel offen stehen und wusste gleichzeitig: Gott hat noch etwas vor mit dir. In dieser Spannung steht die Botschaft von Christi Himmelfahrt: den Himmel offen stehen sehen und doch gleichzeitig mit beiden Füßen auf der Erde stehen. Den Himmel offen glauben, wenn es auch ganz dunkel ist. Immer wieder sind Zweifel daran geäußert worden. Die Tatsache, dass das Himmelfahrtsfest für viele Menschen so bedeutungslos oder so bedeutungsleer geworden ist, spricht eine eigene Sprache. Vor dieser Tatsache stehen wir nicht erst heute. Schon die Reformatoren mussten sich damit auseinandersetzen. Johannes Bugenhagen, der Reformator Norddeutschlands und Nordeuropas, hat Zweiflern an der Himmelfahrt Christi die Empfehlung gegeben: „Soll aufsitzen!“ Und Martin Luther hatte einen Traum, wie er sich bei der Himmelfahrt Christi an dessen Fersen festhielt. Er hörte, wie Christus zu Gott sagte: „Lass ihn mit durchschlupfen.“ „Lass ihn mit durchschlupfen.“ Und dann aus dieser Perspektive das Leben noch einmal beginnen. Ein Leben nicht nur unter dem Motto „*Es* wird regiert!“ sondern: *Er, Jesus* Christus, regiert. Eben: „Gut regiert.“ Amen.

Wer singt, betet doppelt (Eph 3,14-21)

Predigt am 1. Juni 2014 (Exaudi) in der Hauptkirche St. Nikolai am Klosterstern

---

Eph 3,14 Deshalb beuge ich meine Knie vor dem Vater unseres Herrn Jesus Christus,
15 nach dem jede Vaterschaft im Himmel und auf Erden benannt wird,
16 dass er euch Kraft gebe nach dem Reichtum seiner Herrlichkeit, stark zu werden durch seinen Geist am inwendigen Menschen,
17 dass Christus durch den Glauben in euren Herzen wohne und ihr in der Liebe eingewurzelt und gegründet seid,
18 damit ihr mit allen Heiligen begreifen könnt, was die Breite und die Länge und die Tiefe und die Höhe ist,
19 und die Liebe Christi erkennen könnt, die alle Erkenntnis übertrifft, damit ihr erfüllt werdet zu aller Gottesfülle.
20 Dem aber, der überschwänglich über alles hinaus tun kann, was wir bitten oder verstehen, nach der Kraft, die in uns wirkt,
21 dem sei Ehre in der Gemeinde, in Christus Jesus, zu aller Zeit, von Ewigkeit zu Ewigkeit! Amen.

Liebe Gemeinde,

1.

„Wer singt, betet doppelt" – dieses Wort passt sehr schön zu diesem Gottesdienst am Sonntag Exaudi, am Sonntag zwischen Himmelfahrt und Pfingsten, nicht nur, weil unsere Seniorenkantorei diesen Gottesdienst begleitet. Denn das lateinische Wort „Exaudi" bedeutet „erhöre", und wer sich bei dieser Aufforderung eher an eine noble Auto-Marke erinnert fühlt, hat so Unrecht auch nicht, denn der Markenname „Audi" war nur ein Ersatz für die deutsche Automarke namens „Horch". In jedem Fall: Höre, erhöre – das ist ein Gebet zu Gott. Und das Wort: „Wer singt, betet doppelt," erinnert daran, dass der Gesang, nicht nur der Gesang unserer Seniorenkantorei, sondern auch unser Gemeindegesang Gebet ist. Bitte an Gott, unser Gebet zu erhören, und zugleich Lobpreis Gottes, praedicatio. Dieses lateinische Wort wiederum hat zu einem deutschen Lehnwort geführt: Predigt. Predigt ist Lobpreis Gottes. Predigt ist aber auch Bitte an Gott, uns zuzuhören. Das ist ein hoher Anspruch für die Predigt, für den Gottesdienst überhaupt.

Liebe Gemeinde, es ist nicht sicher, wer dieses Wort geprägt hat: „Wer singt, betet doppelt." Manche weisen ihn dem Kirchenvater Augustin (354-430 n.Chr.) zu, andere Martin Luther. „Wer singt betet doppelt" - ein beliebter Einstieg für Festpredigten, und so hören wir dies auch aus dem Munde selbst leitender Theologen der Evangelischen Kirche in Deutschland. So sicher aber ist das nicht.

Wohl aber sind folgende Worte aus einer der vielen Predigten Augustins belegt, und es ist zu vermuten, dass Luther als Augustiner-Mönch diese Worte kannte: „Wer nämlich den Lobpreis singt, lobt und preist nicht nur, sondern preist voller Heiterkeit; wer den Lobpreis singt, singt nicht nur, sondern liebt auch den, dem er singt. im Lob des Bekenners und Gläubigen ist immer auch die Predigt, das öffentliche Bekenntnis, im Gesang des Liebenden ist die Sehnsucht nach dem Geliebten."

Vor diesem Hintergrund kommt auch der Predigttext für den heutigen Sonntag aus dem 3. Kapitel des Epheserbriefs voll zur Geltung. Ich lese ihn noch einmal:

14 Deshalb beuge ich meine Knie vor dem Vater unseres Herrn Jesus Christus,
15 nach dem jede Vaterschaft im Himmel und auf Erden benannt wird,
16 dass er euch Kraft gebe nach dem Reichtum seiner Herrlichkeit, stark zu werden durch seinen Geist am inwendigen Menschen,
17 dass Christus durch den Glauben in euren Herzen wohne und ihr in der Liebe eingewurzelt und gegründet seid,
18 damit ihr mit allen Heiligen begreifen könnt, was die Breite und die Länge und die Tiefe und die Höhe ist,
19 und die Liebe Christi erkennen könnt, die alle Erkenntnis übertrifft, damit ihr erfüllt werdet zu aller Gottesfülle.
20 Dem aber, der überschwänglich über alles hinaus tun kann, was wir bitten oder verstehen, nach der Kraft, die in uns wirkt,
21 dem sei Ehre in der Gemeinde, in Christus Jesus, zu aller Zeit, von Ewigkeit zu Ewigkeit! Amen.

2.

Dieser Text verlangt einen langem Atem, auch auf der Seite der Hörenden: Ein einziger Satz, bestehend aus sechs Versen, wir fühlen uns erinnert an die oft überlangen Sätze Thomas Manns oder auch des Theologen Karl Barth. Und doch gibt es nicht wenige Menschen, die solche überlangen Sätze als schön empfinden.

Worum handelt es sich eigentlich bei diesen Worten? Sind sie eher Lobpreis, oder sind sie eher Gebet? Das „Amen" am Ende und das Beugen der Knie vor dem Vater am Anfang deuten eher auf das Gebet hin. Aber es geht in diesem Text um mehr: Er will hineinsprechen in eine Gemeinde, in der das Matriarchat blühte. Der Kult der Göttin Artemis bzw. ihrer römischen Entsprechung Diana in Ephesus wird mehrfach im Neuen Testament angesprochen. Diese religiöse Orientierung wirkte in die Zeit des Christentums hinein. Aus Artemis- oder Diana-Tempeln wurden Marien-Kirchen.

In Ephesus soll Maria gestorben sein. Das Konzil von Ephesus gab Maria im Jahre 431 den Titel „Gottesgebärerin". Sogar Moslems verehren in Ephesus die Mutter des von ihnen so genannten Propheten Jesus, und im Jahre 1950 machte Pius XII. als bisher einziger Papst von seiner Unfehlbarkeit Gebrauch, als er die leibliche Aufnahme Mariens in den Himmel zum Dogma erhob.

Die Arbeit an einem Kommentar zum Epheserbrief hat einen ausgewiesenen Schüler von Rudolf Bultmann, Professor Heinrich Schlier, im Jahre 1953 sogar dazu bewogen, katholisch zu werden – mit ihm übrigens seine Schülerin Uta Ranke-Heinemann.

Der Epheserbrief und seine Auslegung wurden so zum Tummelplatz für die Auseinandersetzung zwischen protestantischer und katholischer Theologie, zwischen Christusverehrung und Marienfrömmigkeit, zwischen liberaler und konservativer Theologie, zwischen feministischer Theologie und deren Gegnern. Zeichen für die Kraft, die in den Worten dieses Briefes steckt.

3.

Aber es geht noch um mehr: Der Verfasser ist bemüht, die spontanen Worte des Lobpreises Gottes für sich persönlich in eine bestimmte Richtung zu lenken. Er beugt seine Knie, er betet. Er spricht das Gebet stellvertretend für die Gemeinde. Er betet nicht für sich selbst, sondern für die Menschen in Ephesus, denen er diesen Brief schreibt. Eine Rolle, die auch mir nicht nur im öffentlichen Gottesdienst, sondern auch bei den dienstäglichen Proben der Seniorenkantorei zukommt. Er geht in die Knie und betet stellvertretend für die Gemeinde. Stellvertretend für diejenigen, die, bedrückt sind durch die schweren Erfahrungen, die das Leben mit sich bringt. In die Knie gehen. Stellvertretend für die Armen, die Kranken, die Trauernden, die Depressiven, die von Krieg Bedrohten, die innerlich Leeren, die Ausgebrannten, die vom burnrout aus dem Verkehr Gezogenen. Wie es Papst Franziskus in vorbildlicher Weise tut. Geistlich in die Knie gehen, selbst und erst recht dann, wenn die Knie körperlich ihren Dienst versagen. So wird Hoffnung verbreitet, so werden Menschen wieder auf die Beine gebracht.

So werden wir nachher die einzelnen Fürbitten abschließen mit dem bekannten gesungenen Kyrie eleison aus der Orthodoxen Liturgie der Ukraine.

4.

Es geht in jedem Fall darum, dass Gott, der Vater, mit seiner Kraft eingehe in die Menschen. Dass er die Menschen nicht nur verstandesmäßig, nicht nur intellektuell erreiche, sondern in der Mitte ihres Fühlens und Erlebens, in ihrem Herzen, in ihrem inwendigen Menschen. Dass er sie nicht nur äußerlich, nicht nur oberflächlich erreiche, sondern dass er unter die Haut gehe und die Menschen erreiche gerade in seiner Unbegreiflichkeit. Dass der große, die Welt, Himmel und Erde umspannende Gott das Innerste des kleinen Menschen erreiche. Dass er, Pfingsten schon vorwegnehmend, das Innerste unseres Menschseins erreiche durch seinen Geist. Dass die Fülle Gottes in uns eingehe. Ja, dass Christus durch den Glauben in unseren Herzen wohne. Dass wir in der Liebe Christi zu uns, Wurzeln fassen und daraus zu neuen Menschen werden.

5.

Verstandesmäßig unbegreiflich, so handelt es sich bei diesen Worten gefühlsmäßig um ein Liebeslied. Das Liebeslied, der Lobpreis Gottes, lebt aus der Spontaneität und will doch immer wieder neu eingeübt werden. Liebe kann nicht befohlen werden, sie wird erfahren, und doch ist es für unser Leben wichtig, dass wir das Doppelgebot der Liebe immer wieder zum Leitfaden für unser Leben nehmen: „Du sollst Gott, deinen Herrn, lieben von ganzem Herzen, von ganzer Seele und von ganzem Gemüte und mit aller deiner Kraft und deinen Nächsten wie dich selbst.“

Es ist so, als habe Søren Kierkegaard in diese Zusammenhänge hineingehört, als er in seinen Tagebüchern folgenden Eintrag machte: „Der Vogel auf dem Zweige, die Lilie auf der Wiese, der Hirsch im Walde, der Fisch im Meere, zahllose frohe Menschen jubeln: Gott ist Liebe! Aber, gleichsam tragend, wie die Basspartie, klingt unter allen diesen Sopranen das de profundis von den Geopferten her: Gott ist die Liebe!“

Hier ist Gott nicht mehr nur Vater und auch nicht mehr nur Mutter. Hier treffen sich Klage und Lobpreis, hier singen Bass und Sopran und natürlich auch Alt und Tenor zugleich. Hier wird gesungen und zugleich doppelt oder gar vierfach gebetet. Amen.

Freude an der Wegweisung (Hes 18,1-4.21-24.30-32)

Predigt am 6. Juli 2014 (3. Sonntag nach Trinitatis) um 10 Uhr in der Hauptkirche St. Nikolai am Klosterstern

---

Hes 18,1 Und des HERRN Wort geschah zu mir: 2 Was habt ihr unter euch im Lande Israels für ein Sprichwort: »Die Väter haben saure Trauben gegessen, aber den Kindern sind die Zähne davon stumpf geworden«?
3 So wahr ich lebe, spricht Gott der HERR: Dies Sprichwort soll nicht mehr unter euch umgehen in Israel. 4 Denn siehe, alle Menschen gehören mir; die Väter gehören mir so gut wie die Söhne; jeder, der sündigt, soll sterben.
21 Wenn sich aber der Gottlose bekehrt von allen seinen Sünden, die er getan hat, und hält alle meine Gesetze und übt Recht und Gerechtigkeit, so soll er am Leben bleiben und nicht sterben.
22 Es soll an alle seine Übertretungen, die er begangen hat, nicht gedacht werden, sondern er soll am Leben bleiben um der Gerechtigkeit willen, die er getan hat.
23 Meinst du, dass ich Gefallen habe am Tode des Gottlosen, spricht Gott der HERR, und nicht vielmehr daran, dass [a]er sich bekehrt von seinen Wegen und am Leben bleibt?
24 Und wenn sich der Gerechte abkehrt von seiner Gerechtigkeit und tut Unrecht und lebt nach allen Gräueln, die der Gottlose tut, sollte der am Leben bleiben? An alle seine Gerechtigkeit, die er getan hat, soll nicht gedacht werden, sondern in seiner Übertretung und Sünde, die er getan hat, soll er sterben.
30 Darum will ich euch richten, ihr vom Hause Israel, einen jeden nach seinem Weg, spricht Gott der HERR. Kehrt um und kehrt euch ab von allen euren Übertretungen, damit ihr nicht durch sie in Schuld fallt.
31 Werft von euch alle eure Übertretungen, die ihr begangen habt, und macht euch ein neues Herz und einen neuen Geist. Denn warum wollt ihr sterben, ihr vom Haus Israel?
Denn ich habe kein Gefallen am Tod des Sterbenden, spricht Gott der HERR. Darum bekehrt euch, so werdet ihr leben.

Liebe Gemeinde,

1.

wenn der heutigen Predigt wieder ein Text aus dem Alten Testament, oder, wie Viele sagen, dem Ersten Testament zu Grunde liegt, so verwundert Sie bzw. Euch das vielleicht gar nicht mehr so sehr, zumal, wenn heute einmal wieder ein ausgesprochener Liebhaber der hebräisch-aramäischen Bibel von der Kanzel spricht. Vor sechzig Jahren etwa, also in der Zeit, da ich den Konfirmanden-Unterricht besuchte, war das noch ganz anders. Da wurde nur alle zwei Jahre über maximal zwei alttestamentliche Texte gepredigt, nämlich am Karfreitag über das vierte Lied vom leidenden Gottesknecht aus Jes 53 und am Epiphaniastag, wenn an diesem Tage überhaupt Gottesdienst gehalten wurde, über einen weiteren Text aus dem Jesajabuch, aus Jes 60: „Mache dich auf, werde licht; denn dein Licht kommt, und die Herrlichkeit Gottes geht auf über dir.“

Das hat sich durch die Liturgie-Reformen der letzten Jahrzehnte, nicht zuletzt – man höre! – auch infolge des Zweiten Vatikanischen Konzils, geändert.

Das Problem ist allerdings nicht die *Zahl* der alttestamentlichen Predigttexte, sondern *wie wir als Christen diese Texte lesen und verstehen*. Bis in die Gegenwart hinein werden alttestamentliche Texte unter der Überschrift „Verheißung und Erfüllung" gelesen. Dann hätte die *prophetische Verheißung* des Alten Testaments die alles entscheidende Bedeutung für das christliche Verstehen: Das, was im Alten Testament verheißen ist, ist durch Jesus Christus in Erfüllung gegangen. Das Judentum ist überflüssig geworden, das Christentum an seine Stelle getreten. Dahinter steht die sogenannte *Substitutionstheorie*: das Christentum ersetzt das Judentum.

Der Holocaust verbietet uns einen solchen Umgang mit dem Judentum. Manche vertreten sogar die steile These, das Christentum, zumindest die evangelische Kirche, habe mit dem Holocaust seine bzw. ihre Existenzberechtigung verloren.

In neueren Verlautbarungen kann man lesen, in welche Richtung die anstehende Reform der Predigtreihen steuert. Als ein wichtiger Aspekt wird genannt: Die Freude an der Tora.

Die Freude an der Tora steht im Gegensatz zu dem Bild vom Judentum, das uns insbesondere durch Paulus und Martin Luther vermittelt wird. Dagegen steht, dass Juden jedes Jahr im Herbst ein Fest feiern, das den Namen trägt: *simchat-tora*, die Freude am Gesetz. Freude auch an der Auslegung der Tora in Talmud und Midrasch bis in die praktischen Lebensvollzüge heute hinein. Ich habe das selbst vor 15 Jahren in Chicago erlebt, als mein jüdischer Freund, von Beruf Chirurg, mich an einem Donnerstagabend zum Talmud-Studium in seinem Hause einlud. In einem speziell für diesen Zweck geschaffenen Raum hatten sich zehn oder zwölf Juden aus verschiedenen Berufssparten zum Talmudstudium versammelt. Alle hatten die Kippa als Kopfbedeckung und einen gedruckten großformatigen Talmudtext in der Hand. Voraussetzung war, dass man Hebräisch und möglichst auch Aramäisch konnte. Ich habe noch nie eine so lustige Bibelstunde erlebt mit einem so lebendigen und spritzigen Gespräch, in welchem jeder mit seinen Gedanken zu Wort kam und das Gespräch die Gedanken von Idee zu Idee vorantrieb. Es wurde nicht nur theologisch über das Gesetz reflektiert, sondern soziale Fragestellungen traten ins Zentrum des Gesprächs.
Kürzlich stieß ich dazu auf folgende Bemerkung Johann Hinrich Wicherns, der sich schwer tat bei dem Versuch, einen Zugang zum Alten Testament zu finden. Wichern schreibt: „Es gibt ja in der vorchristlichen Welt nur ein Volk, das etwas von der uneigennützigen, reinen Liebe zu Armen, Witwen, Waisen und Schuldnern weiß, Israel, auf das die sog. klassische, an Bildung der Intelligenz so hochstehende Welt nur mit Verachtung herabsah."[4]

Der für heute vorgeschlagene Predigttext steht im 18. Kapitel des Buches Hesekiel und lautet:

Ez 18 [1] Und das Wort des HERRN kam zu mir:
[2] »Was gebraucht ihr unter euch im Land Israel dieses Sprichwort: ›Die Väter haben saure Trauben gegessen, aber den Söhnen sind die Zähne davon stumpf geworden‹?

[4] J.H.Wichern, Das rationalistische Papsttum (1839), in: P.Meinhold (Hg.), J.H.Wichern, Sämtliche Werke 1, Hamburg 1962, S. 35-56, hier S. 45.

[3] So wahr ich lebe, sagt der Herr HERR, dieses Sprichwort soll nicht mehr unter euch gebraucht werden in Israel.
[4] Denn sieh, alle Seelen sind mein; die Seele des Vaters ist mein wie die Seele des Sohnes. Welche Seele sündigt, die soll sterben.
[21] Wenn aber der Gottlose von allen seinen Sünden, die er getan hat, umkehrt und alle meine Rechte hält und recht und richtig handelt, dann soll er leben und nicht sterben.
[22] An alle seine Übertretungen, die er begangen hat, soll nicht mehr gedacht werden; sondern er soll leben wegen der Gerechtigkeit, die er tut.
[23] Meinst du, dass ich Gefallen habe am Tod des Gottlosen, sagt der Herr HERR, und nicht vielmehr daran, dass er sich von seinen Wegen bekehrt und lebt?
[24] Und wenn sich der Gerechte von seiner Gerechtigkeit abkehrt und Böses tut und nach allen Gräueln lebt, die ein Gottloser tut, sollte der leben? Ja, an all seine Gerechtigkeit, die er getan hat, soll nicht gedacht werden; sondern in seiner Übertretung und Sünde, die er getan hat, soll er sterben.
[30] Darum will ich euch richten, ihr vom Haus Israel, jeden nach seinen Wegen, sagt der Herr HERR. Darum kehrt um und bekehrt euch von all eurer Übertretung, damit ihr nicht fallen müsst wegen der Schuld.
[31] Werft von euch alle eure Übertretung, mit der ihr übertreten habt, und schafft euch ein neues Herz und einen neuen Geist. Denn warum willst du sterben, du Haus Israel?
[32] Denn ich habe kein Gefallen am Tod des Sterbenden, sagt der Herr HERR. Darum bekehrt euch, dann werdet ihr leben.

2.

Was für ein Wort! „Die Väter haben saure Trauben gegessen, aber den Söhnen sind die Zähne davon stumpf geworden“? Kollektivschuld. Schuld, die sich fortsetzt von einer Generation zur anderen. Nicht Deutsche sind hier angeredet, sondern Israel. Das Israel in der Babylonischen Gefangenschaft im 6. Jh. v. Chr. Israel kehrte diese bittere Phase seiner Geschichte nicht unter den Teppich, sondern nannte sie beim Namen, suchte das Gespräch mit den Vätern und Müttern. Hesekiel, der von Gott beauftragte Prophet, der ehemalige Oberschichtpriester am inzwischen zerstörten Jerusalemer Heiligtum, kommt, 597 v. Chr. nach Babylon verschleppt, ins Gespräch mit der jungen Generation. Er stellt den zum Sprichwort gewordenen Erfahrungssatz „Die Väter haben saure Trauben gegessen, aber den Söhnen sind die Zähne davon stumpf geworden,“ in Frage, und das im Namen JHWHs. Hesekiel bringt es auf den Punkt: „Welche Seele sündigt, die soll sterben.“ Jeder hat die Folgen seines persönlichen Verhaltens, diesen Tun-Ergehen-Zusammenhang zwischen persönlicher Schuld und persönlichem Ergehen zu tragen. Jeder ist selbst verantwortlich für sein Verhalten.

Wenn ich diese wichtige Botschaft höre, dann wundert es mich, dass ich erst im Alter von 22 Jahren Zugang zu Hesekiel gefunden habe. Obwohl wir natürlich schon auf dem Gymnasium und im Konfirmandenunterricht die Namen der Bücher des Alten Testaments auswendig lernen mussten. Jedesmal gerieten wir ins Stocken bei dem Namen Hesekiel. Wie wird er eigentlich ausgesprochen? Manche sagten: Hesekiil, und schon brach schallendes Gelächter aus. Ich glaube, Hesekiel hätte zumindest geschmunzelt über diese Verballhornung seines Namens Dabei hat er einen so tiefen Sinn: Gott wird kräftigen. Hesekiel.

3.

Bei einem Priester wie Hesekiel würden man zuallererst erwarten, dass er sich mit dem Sakralrecht, mit dem Gottesdienstrecht, mit dem Kirchenrecht, würde man heute sagen, befassen würde. Aber der Tempel ist ja zerstört, und so befasst sich Hesekiel mit etwas anderem: mit dem *sozialen Verständnis der Tora.*

Genau an diesem Punkte hält uns der Predigttext, so wie er vorgeschlagen ist, und so, wie ich ihn vorgelesen habe, uns im Unwissen. Der Text von Hes 18 ist viel umfangreicher. In, wie ich meine, falscher Rücksichtnahme vor dem Aufnahme vermögen der Predigthörer haben diejenigen, die den Predigttext festgelegt haben, zur Schere gegriffen und fast 2/3 des ursprünglichen Textes herausgeschnitten. Vielleicht meinen sie aber auch, dass das Alte Testament hier zu gesetzlich werde. Ich lese die ersten fünf Verse vor:

„ 5 Wenn nun einer gerecht ist, der tut, was recht und richtig ist,
6 der nicht auf den Bergen isst und seine Augen nicht zu den Götzen des Hauses Israel erhebt, der die Frau seines Nächsten nicht befleckt und nicht bei einer Frau liegt, wenn sie ihre Tage hat,
7 der niemanden schädigt, der dem Schuldner sein Pfand wiedergibt, der niemandem etwas mit Gewalt nimmt, der mit dem Hungrigen sein Brot teilt und den Nackten bekleidet,
8 der nicht wuchert, der nicht Zins nimmt, der seine Hand vom Unrechten abkehrt, der zwischen den Leuten recht urteilt,
9 der nach meinen Rechten lebt und meine Gebote hält, um sie ernstlich zu befolgen: Das ist ein gerechter Mann, der soll das Leben haben," sagt der Herr HERR.

Daran hat Gott Gefallen. Und Gott hat selbst dann noch Gefallen an diesem Menschen, wenn er genau das Gegenteil tut, sich aber bekehrt, zu Gott umgekehrt. „Meinst du, dass ich Gefallen habe am Tod des Gottlosen, sagt der Herr JHWH, und nicht vielmehr daran, dass er sich von seinen Wegen bekehrt und lebt?"

Darum geht es dem Propheten Hesekiel, dass er um Gottes Willen den Israeliten in der Babylonischen Gefangenschaft Mut macht, dass er ihnen Heil ankündigt. Aber gleichzeitig brandmarkt er Verbrechen, die das Zusammenleben in der Gesellschaft zerbrechen lassen. Umkehr zu Gott, Hinwendung zu ihm, ein neues Fragen nach Gott ist angezeigt.

4.

Mit Schrecken blicken wir auf das Verhalten von Israelis im Westjordanland. Und gleichzeitig blicken wir gespannt auf die junge Generation. Wird sie Ideen entwickeln, die jenseits aller todbringenden Verhaltensweisen, in eine Zukunft führen, die Leben heißt? Eine Umkehr in einem ganz tiefen, Leben bringenden Sinne wäre hierfür die Voraussetzung.

Hesekiel verschweigt uns aber auch nicht die Tod bringende Konsequenz eines fehlgeleiteten Verhaltens:

„10 Wenn er aber einen Sohn zeugt, der gewalttätig ist und Blut vergießt oder eins von diesen Dingen tut,
11 auch wenn er selbst nie so etwas getan hat; der auf den Bergen isst und die Frau seines Nächsten befleckt,

12 die Armen und Elenden schädigt, mit Gewalt etwas nimmt, das Pfand nicht wiedergibt, seine Augen zu den Götzen erhebt und einen Gräuel begeht,
13 auf Wucher gibt, Zins nimmt: Sollte der leben? Er soll nicht leben, sondern weil er alle diese Gräuel getan hat, soll er des Todes sterben; sein Blut soll auf ihm sein.“

Zum Glück gibt es aber auch den anderen Weg:

„14 Wenn der aber einen Sohn zeugt, der alle diese Sünden sieht, die sein Vater tut, und sich fürchtet und nicht so handelt,
15 nicht auf den Bergen isst, seine Augen nicht zu den Götzen des Hauses Israel erhebt, die Frau seines Nächsten nicht befleckt,
16 niemanden schädigt, das Pfand nicht behält, nicht mit Gewalt etwas nimmt, sein Brot mit dem Hungrigen teilt und den Nackten bekleidet,
17 der seine Hand vom Unrechten abkehrt, keinen Wucher noch Zins nimmt, sondern meine Gebote hält und nach meinen Rechten lebt: Der soll nicht sterben wegen der Sünde seines Vaters, sondern leben.“

5.

Sein Brot mit den Hungrigen teilen, den Nackten bekleiden. Jesus sagt: „Denn ich war hungrig, und ihr habt mir zu essen gegeben. Ich war durstig, und ihr habt mir zu trinken gegeben. Ich bin ein Fremder gewesen, und ihr habt mich aufgenommen.
Ich bin nackt gewesen, und ihr habt mich bekleidet. Ich bin krank gewesen, und ihr habt mich besucht. Ich bin im Gefängnis gewesen, und ihr seid zu mir gekommen.“
„Was ihr einem von diesen meinen geringsten Brüdern getan habt, das habt ihr mir getan,“ (Matthäus 25,35.60.40).

Wo Gesetze respektiert werden, wo Lebensregeln respektiert werden, da ist Leben möglich. Auch wenn manche gesetzliche Bestimmung uns eher verwundert. Aber die Konsequenz muss dann nicht wütender Protest sein, sondern kann auch auch in einem Schmunzeln bestehen.

Mit Schrecken und Angst blicken wir auf das Verhalten von Moslems sunnitischer oder schiitischer oder alawitischer Herkunft im Vorderen Orient. Mit Schrecken Blicken wir auf das Verhalten von Israelis z.B. jetzt während der Suche nach drei verschwundenen Jugendlichen. Mit Schrecken blicken wir auf das Verhalten von Christen in der Ukraine. Sowohl die Ukraine als auch Russland sind christliche Staaten.

Dennoch: Leben ist möglich; denn Umkehr ist möglich: „Werft von euch alle eure Übertretung,“ sagt Hesekiel, „mit der ihr übertreten habt, und schafft euch ein neues Herz und einen neuen Geist. Denn warum willst du sterben, du Haus Israel?“ Das sagt ein Israelit. Uns stockt der Atem. Ohne Umkehr kein Leben. Aber Umkehr ist möglich. Wo dies geschieht, da schaffen sich Menschen ein neues Herz, da werden sie andere Menschen. Da weht nicht nur an anderer Wind, sondern da schaffen sie sich einen neuen Geist – aus Freude am Gesetz, aus Freude an der Wegweisung Gottes. Amen.

Vielfältige Einheit (Eph 4,1-6)

Predigt am 12. Oktober 2014 (17. Sonntag nach Trinitatis) in der Hauptkirche St. Nikolai am Klosterstern zu Hamburg

---

Eph 4,1 So ermahne ich euch nun, ich, der Gefangene im Herrn, dass ihr der Berufung würdig lebt, mit der ihr berufen seid,
2 mit aller Demut und Sanftmut, mit Geduld, und ertragt einer den andern in Liebe
3 und seid bemüht, die Einigkeit des Geistes zu erhalten durch das Band des Friedens:
4 ein Leib und ein Geist, wie ihr auch berufen seid in einer Hoffnung eurer Berufung;
5 ein Herr, ein Glaube, eine Taufe;
6 ein Gott und Vater aller, der da über allen und durch alle und in euch allen ist.

Liebe Gemeinde,

1.

welcher Ruf zur Besinnung auf den einen Gott, und welche Fülle von unterschiedlichen Hinweisen auf theologisch, kirchlich und menschlich Wichtiges! Von dem einen Gott ist die Rede, von dem Herrn, wo-mit nur Christus gemeint sein kann, von dem Geist, dem Heiligen Geist natürlich, aber auch der Taufe, der Demut, Sanftmut und Geduld, dem Frieden, dem Glauben, der Liebe, der Hoffnung. Und dann siebenmal das Wort Einigkeit oder ein: Einigkeit des Geistes, ein Leib, ein Geist, eine Hoffnung, ein Herr, ein Glaube, eine Taufe; ein Gott.

Ein schönes Thema an diesem 12. Oktober, neun Tage nach dem Tag der Deutschen Einheit und neunzehn Tage vor dem Reformationstag, an dem es wiederum darum gehen wird, die Forderung nach der Ein-heit der Kirche zu beschwören, zumal angesichts des Reformationsjubiläums in drei Jahren.

2.

Einen ganz anderen Weg gingen die fünf Hamburger Hauptkirchen in diesem Spätsommer. Sie machten das Thema „Streit“ zum Motto einer Vortragsreihe. Überschrift: „Gott zum Streit“ – also einmal nicht: „Gott zum Gruß“, einmal nicht: „Schalom“ oder „Grüß Gott“, sondern: „Gott zum Streit.“ Damit sollte nicht Streit geschürt werden zwischen dem Christentum und anderen Religionen, auch nicht der Streit zwischen Protestanten und Katholiken oder Lutheranern und Reformierten, Landeskirchlern und Freikirchlern, nein, der Streit innerhalb der evangelisch-lutherischen Kirche, speziell derjenigen im Hamburgischen Staate, wie man früher sagte, Streit innerhalb einer Gemeinde sogar, wurde zum Thema. Gott mutet uns Streit zu, er mu-tet uns zu, dass wir mit ihm streiten, wie Jakob in seinem Gotteskampf am Jabbok, der darauf den Namen Israel erhielt, und der bedeutet: Gott streitet.

Ich habe leider nur an zweien dieser Vortragsveranstaltungen teil-nehmen können. Mein Eindruck ist daher bruchstückhaft. Meines Er-achtens wurde zu wenig gestritten und sogar zu wenig über Streit gesprochen. Obwohl ja allein schon die Geschichte von St. Nikolai genug Beispiele für Streit bereithält, auch für geduldig und mit Respekt gegenüber den Andersdenkenden ausgetragenen Streit. Man könnte ein ganzes Buch damit füllen.

Nur drei Beispiele:

Als nach dem Hamburger Brand von 1842 die zerstörte Hauptkirche St. Nikolai wieder aufgebaut werden sollte, fand ein Architektenwettbewerb statt. Der Hamburger Gottfried Semper, später berühmt geworden durch die Semper-Oper in Dresden und das Wiener Burgtheater, errang den ersten Preis. Das hinderte das Kirchenkollegium unter Leitung von Hauptpastor Ludwig Christian Gottlieb Strauch nicht daran, den Entwurf des Engländers Gilbert Scott vorzuziehen. Darin entlud sich der jahrzehntelange Streit zwischen neulutherischer Erweckungsbewegung und Rationalismus. Zentrum des Rationalismus war das Johanneum mit seinem Direktor Johannes Gurlitt. Gottfried Semper war Schüler des Johanneums gewesen. Sein Bild hängt heute noch in der dortigen Bibliothek.

Ein zweites Beispiel: Im 17. Jh. gab es den Hamburger Pietistenstreit um die Reform einer aus ihrer Sicht erstarrten Kirche durch eine stärkere Betonung des persönlichen, in kleinen Gruppen gepflegten Glaubens. Johann Heinrich Horb, der damalige Hauptpastor von St. Nikolai, gehörte zu den Pietisten. Er setzte sich, in guter Nikolai-Tradition stehend, für die Armen ein, auch für die Juden unter ihnen, übte Kritik an zu viel Kirchenmusik, die Hamburger Oper eingeschlossen. Geschickt verstand es insbesondere einer seiner Gegner, Hauptpastor Johann Friedrich Mayer von St. Jacobi, die Öffentlichkeit gegen ihn aufzubringen. Schließlich musste Horb Hamburg verlassen und starb bald darauf in Holstein. Er wurde in der Steinbeker Kirche beerdigt. Aber, und das ehrt St. Nikolai auch wieder, der Kirchenvorstand hielt an ihm fest und ließ die Stelle unbesetzt, immer in der Hoffnung, dass der vor die Tür gesetzte Hauptpastor noch einmal in Amt und Würden zurückkehren würde. Doch der Tod kam dem zuvor. Sein Sohn stiftete später einen barocken Messing-Leuchter, der heute noch in der Kirchsteinbeker Kirche hängt.

Ein letztes Beispiel: Als Johannes Bugenhagen, der Freund und Mit-streiter Luthers, Hauptpastor an St. Nikolai werden sollte, da sah er sich konfrontiert mit dem Streit um die Nikolai-Schule. Das Domkapitel kassierte von den Eltern der Schüler hohe Gebühren und setzte billige und entsprechend unqualifizierte Lehrer ein. Das führte zum Streit. Erst Bugenhagens „Der ehrbaren Stadt Hamburg christliche Ordnung“ führte 1529 zu einer Befriedung.

3.

Liebe Gemeinde, es wäre merkwürdig, wenn es in der Gegenwart keinen Anlass zum Streit gäbe. So habe ich es als wohltuend empfunden, dass Gemeindeglieder von St. Nikolai eine außerordentliche Gemeindeversammlung beantragt haben, die am 2. September stattfand. Über hundert Gemeindeglieder hatten sich versammelt. Besonders beeindruckend war für mich die Zahl der anwesenden jungen Men-schen, die einfach an dem interessiert waren, womit sich der Kirchengemeinderat befasst, welche Überlegungen hinter seinen Beschlüssen stehen. Im Blick auf das Altenheim St. Johannis/St. Nikolai, auf die Kindertagesstätte mit ihren vier Standorten, auf die Modernisierung und Verbesserung der Qualität der Orgel, auf die Gebäude der Gemeinde, auf den Knabenchor.

Mir hat gefallen, wie sachlich und fundiert informiert wurde und wie geduldig zugehört und reagiert wurde. Ich will damit nun nicht behaupten, die Zustände in St. Nikolai seien besser als die Zustände damals in Ephesus, die der Epheserbrief zum Anlass seines Schreibens macht. Streit gehörte von Anfang an zum Leben der Kirche dazu. Nicht immer ging es dabei fair zu. Vieles wurde unter den Teppich gekehrt. Viele Tatsachen wurden verdreht, ja, sogar gefälscht. Es gab Anlass, sich zu entschuldigen. Das wäre tatsächlich etwas, wenn Evangelische und Katholiken, Katholiken und Evangelische sich am besten noch vor dem Reformationsjubiläum dazu durchrängen, einander um Vergebung zu bitten für das, was sie einander angetan haben, welche Verletzungen sie einander zugefügt haben.

Dies aber kann nur überzeugen, wenn im fairen Streitgespräch aufgearbeitet wird, worum es jeweils ging und geht. Vielleicht so, dass Katholiken sich in die Situation von Protestanten hinein versetzen und Protestanten in die Situation von Katholiken. Wunderbar wäre es in meinen Augen, wenn zum Schluss theologische Inhalte ans Licht kämen, wie sie für uns am Beginn des 21. Jahrhunderts und 500 Jahre nach dem Beginn der Reformation lebenswichtig, überlebenswichtig sind. Dabei ist unser Predigttext aus dem Epheserbrief eine Hilfe.

4.

Fangen wir am Ende dieser Bekenntnis-Aussagen zu dem Einen an: „Ein Gott und Vater“. Bekenntnis zum Monotheismus, der Judentum, Christentum und Islam eint. Für viele Menschen drückt sich darin auch das Bekenntnis zu dem persönlichen Gott aus. „Gott der Vater und der unendliche Wert der Menschenseele“ – so brachte es der gro-ße protestantische Theologe Adolf von Harnack zu Beginn des 20. Jh. auf den Punkt. Manche ziehen daraus aber auch den Schluss: „Ich ha-be meinen Gott, und ich kann auch ohne Kirche ein guter Mensch sein.“

Genau darum aber geht es unserem Predigttext nicht, so wichtig ihm auch das Bekenntnis zu Gott, dem Vater, oder auch zu Gott, der Mutter, ist. Das Bekenntnis zu dem einen Gott vereinseitigt sich nicht, sondern ihm an die Seite stellen sich sieben weitere Bekenntnisse zu dem Einen, zunächst: ein Herr. Damit ist Jesus Christus gemeint. Er wird als der Herr bezeichnet. Indem ich mich zu ihm bekenne, lasse ich ihn den Herrn meines Lebens sein. Ich lasse mich von ihm so sehr gefangen nehmen, dass ich bereit bin, sogar für ihn ins Gefängnis zu gehen und so seinem Ruf zu folgen. Dietrich Bonhoeffer ist ein bleibendes Beispiel für eine solche Lebenshaltung. Für ihn war es auch klar, dass das Bekenntnis zu Jesus Christus nie nur persönliches Bekenntnis ist, sondern auch Bekenntnis einer Gemeinde und zu einer Gemeinde. „Jesus Christus als Gemeinde existierend“ – das war für Bonhoeffer die Grundaussage über die Kirche.

Aber auch damit ist noch nicht alles gesagt. Der Gefangene in Christus spricht von der Einigkeit des Geistes, von dem einen Geist. Es ist so, als wenn er dem Glaubensbekenntnis entlang ginge: „Ich glaube an den Heiligen Geist, die heilige, christliche Kirche.“ Deswegen sagt er auch in einem Atemzug: „Ein Leib, ein Geist.“ Der Epheserbrief stellt sich diesen Leib in gewaltigen Ausmaßen in Raum und Zeit vor. Er um-fasst nicht nur die Kirche, sondern die ganze Welt, nicht nur unsere kleine Erde, sondern den Weltraum und die Welträume; er umfasst die ganze Geschichte von ihren Anfängen bis an ihr Ende. Als Kopf stellt er sich Jesus Christus vor. Jesus Christus, der mit seinen guten Gedanken diesen Leib belebt, durchlebt und auch durchleidet. Nichts von alledem, was uns in diesen Monaten beschäftigt und ängstet in der Völkerwelt, ist aus diesem Leib ausgeschlossen. Alles das, was auseinander zu brechen droht, wird von Christus zusammen gehal-ten. Dieser Leib lebt von der Einheit des Geistes gegen alle Zwistigkeiten. Er wird zusammengehalten durch das Band des Friedens. Wenn wir doch nur als Christen so weit kämen, in der Eucharistie, im Abendmahl diesen einen Leib Christi zu feiern!

Eine besondere Einheit umfängt uns und fängt gleichzeitig unser persönliches Erleben, uns als Gemeinde und die Welt der Völker ein: Der dreieinige Gott. Einheit in der Vielfalt. Diese Erfahrung der Einheit lässt den Verfasser des Epheserbriefs auch von dem einen Glauben sprechen. Seit Jahrzehnten sind Kirchenvertreterinnen und Kirchenvertreter bemüht, gemeinsame Überzeugungen in Texten zum Aus-druck zu bringen. Die Gemeinsame Erklärung des Lutherischen Welt-bundes und des Päpstlichen Rates für die Einheit der Christen vom 31. Oktober 1999 ist ein Beispiel für dieses Bestreben, die Lima-Erklärung des Weltkirchenrats aus dem Jahre 1982 ein anderes, die Leuenberger Konkordie Reformierter, Lutherischer und Unierter Kirchen vom März 1973 ein Weiteres. Aber immer blieben andere Glaubensgemeinschaften ausgeschlossen. Der Versuch, Verbindliches zu sagen, führt trotz aller Sanftmut auch zu Verletzungen. Wenn da nur immer das Bestreben nach dem einen Glauben bleibt, der niemanden ausschließt.

Es wäre mir auch zu wenig, Glauben aufgehen zu lassen im Vertrauen auf Gott. So wichtig auch dieser Aspekt für unsere lebenslange Glaubensentwicklung ist. Das kindliche Urvertrauen prägt unser Leben. Aber da sind wir an einem entscheidenden Punkt im Gespräch mit den Baptisten, aber auch den Mennoniten. Die für deren Selbstverständnis wichtige Gläubigentaufe und die in anderen Kirchen übliche Praxis der Kindertaufe haben noch nicht zu einem gemeinsamen Verständnis der Taufe geführt. Und doch verbindet uns bei allen Unterschieden die eine Taufe. Die eine Taufe aber gibt Anlass dazu, sich in die Position der anderen hineinzuversetzen und umgekehrt, bei allem Gefühle zu respektieren, statt zu verletzen.

5.

Immer wieder die Orientierung an dem Einen. Aber auch die Verschiedenheit angesichts des Einen. Gleichzeitig die Tendenz, aus der vielschichtigen und vielgestaltigen Einheit, aus der pluralen Einheit bestimmte Bestandteile heraus zu trennen und sie zu vereinseitigen.

Vielleicht ist dabei eine Grundüberzeugung, die ich noch nicht er-wähnt habe, dafür aber unser Predigttext, besonders wichtig: die eine Hoffnung. Das bedeutet, dass wir uns nicht in der Vergangenheit fest-beißen, uns aber auch nicht nur um Fragen der Gegenwart drehen, sondern uns öffnen für die Zukunft. Dass wir uns motivieren lassen von der Hoffnung auf Gott. Wir werden Gelegenheit haben, einen Gott zu entdecken, der nicht nur über uns ist, sondern auch in uns, ja, der durch uns wirkt in vielfältiger Einheit, in versöhnter Verschiedenheit. Amen.

Und der Friede Gottes, welcher höher ist als alle unsere Vernunft, be-wahre unsere Herzen und Sinne in Christus Jesus. Amen.

Gebete und Kerzen (1. Thess 5,1-11)

Predigt am 9.11.2014 (Drittletzter Sonntag des Kirchenjahres) im Altenheim St. Johannis/St. Nikolai

---

1. Thess 5,1 Von den Zeiten und Stunden aber, Brüder, brauche ich euch nicht zu schreiben;
2 denn ihr wisst selbst genau, dass der Tag des Herrn so kommen wird wie ein Dieb in der Nacht.
3 Wenn sie sagen werden: »Friede und Sicherheit«, dann wird sie das Verderben schnell überfallen, wie die Wehen eine schwangere Frau, und sie werden nicht entkommen.
4 Ihr aber, Brüder, seid nicht in der Finsternis, dass e der Tag wie ein Dieb überraschen könnte.
5 Ihr seid alle Kinder des Lichts und Kinder des Tages; wir gehören weder der Nacht noch der Finsternis.
6 So lasst uns nun nicht schlafen wie die andern, sondern lasst uns wachen und nüchtern sein.
7 Denn die Schlafenden schlafen des Nachts, und die Betrunkenen sind des Nachts betrunken.
8 Wir aber, die wir dem Tag angehören, wollen nüchtern sein, gekleidet mit dem Panzer des Glaubens und der Liebe und mit dem Helm der Hoffnung des Heils.
9 Denn Gott hat uns nicht zum Zorn bestimmt, sondern um das Heil zu erlangen durch unseren Herrn Jesus Christus,
10 der für uns gestorben ist, damit wir, ob wir wachen oder schlafen, zugleich mit ihm leben.
11 Darum ermahnt euch gegenseitig und ermutigt einer den andern, wie ihr es auch tut.

Liebe Gemeinde,

1.

9. November – Drittletzter Sonntag im Kirchenjahr. Erster der drei düsteren Sonntage im November, bevor dann die Adventzeit beginnt. 9. November 1918 – Tag der Abdankung Kaiser Wilhelms II., ein düsterer Tag für die einen, ein Tag neuer Hoffnungen auf die Republik, die Weimarer Republik. Zwanzig Jahre später – die Nationalsozialisten hatten sich längst etabliert – der Tag oder die Nacht, die auch dem letzten in Deutschland vor Augen führte, was Hitler mit den Juden zu tun gedachte. 9. November 1938 – Reichskristallnacht – Nacht des Judenpogroms. 9. November 1989 – Tag des Mauerfalls, Tag der Wende. Elf Monate später sollte Deutschland wiedervereinigt sein. Tag großer Freude für die Menschen in Deutschland, in einem Deutschland mitten in Europa.

Mitten in dieses Gemisch unterschiedlicher Gefühle an diesem Tage hinein meldet sich der Predigttext für den heutigen Drittletzten Sonntag im Kirchenjahr zu Wort. Es ist der erste Brief, den der Apostel Paulus geschrieben hat. Adressat ist die Gemeinde in Thessalonich:

1. Thess 5,1 Von den Zeiten und Stunden (Zeitpunkte) aber, Brüder (Geschwister), brauche ich euch nicht zu schreiben;
2 denn ihr wisst selbst genau, dass der Tag des Herrn so kommen wird wie ein Dieb in der Nacht.
3 Wenn sie sagen werden: »Friede und Sicherheit«, dann wird sie das Verderben schnell überfallen, wie die Wehen eine schwangere Frau, und sie werden nicht entkommen.
4 Ihr aber, Brüder (Geschwister), seid nicht in der Finsternis, dass euch der Tag wie ein Dieb überraschen könnte.

5 Ihr seid alle Kinder des Lichts und Kinder des Tages; wir gehören weder der Nacht noch der Finsternis.
6 So lasst uns nun nicht schlafen wie die andern, sondern lasst uns wachen und nüchtern sein.
7 Denn die Schlafenden schlafen des Nachts, und die Betrunkenen sind des Nachts betrunken.
8 Wir aber, die wir dem Tag angehören, wollen nüchtern sein, gekleidet mit dem Panzer des Glaubens und der Liebe
und mit dem Helm der Hoffnung des Heils.
9 Denn Gott hat uns nicht zum Zorn bestimmt, sondern um das Heil zu erlangen durch unseren Herrn Jesus Christus,
10 der für uns gestorben ist, damit wir, ob wir wachen oder schlafen, zugleich mit ihm leben (werden).
11 Darum ermahnt euch gegenseitig und ermutigt einer den andern, wie ihr es auch tut.

2.

Ich war im Mai dieses Jahres in Thessalonich. Am Beginn des Zweiten Weltkriegs lebten dort 56.000 Juden, über 50% der Bevölkerung der Stadt. 2.000 haben überlebt. Wenn doch nur dieser Brief des Paulus an die Thessalonicher bekannt gewesen wäre. Wenn es doch nur hellwache Christen, Kinder des Lichts, wie Paulus sagt, gegeben hätte, die diesem schrecklichen Geschehen, diesen Dieben und Mördern der Nacht ein Ende gemacht hätten!

Wenn sie doch den Mut besessen hätten, ihren Glauben und ihre Liebe wie einen unüberwindlichen Panzer zu betrachten und ihre Hoffnung auf Heil sichtbar zu machen wie einem Helm, den man als Erkennungszeichen auf dem Kopf trägt.

Liebe Gemeinde, mache ich es mir mit dieser Betrachtung zu leicht? Ich bin erst 1942 geboren und kann mir daher von der Reichskristallnacht nur bedingt ein Bild machen. Aber selbst wenn Sie in diesem Jahr 80 geworden sind, können Sie sich als damals Vierjährige kein unmittelbares Bild machen von dem, was damals geschehen ist. Dazu müsste man jetzt schon 85 oder 90 Jahre alt sein.

Und: Vielleicht hätten damals und erst recht in den Jahren danach die Bilder von dem Panzer des Glaubens und der Liebe und von dem Helm des Heils etwas gesagt. Doch da hat sich in den zurückliegenden 70 Jahren einiges geändert. Ich kann mich noch gut erinnern, wie ein Religionslehrer, der Seelsorger bei der Bundeswehr gewesen war, gern diese Bildsprache aus der Welt des Militärs aufgriff. Seine Schüler liebten das nicht so sehr. Diese Bilder sind ja so missverständlich. Insbesondere auch in einer Zeit, da Islamisten im Namen ihres Glaubens Waffen sprechen lassen und alles, was sich ihnen in den Weg stellt, niedermetzeln.

3.

Ich muss dabei auch an die Zeit der Wende von 1989 denken. Es war glücklicherweise eine Wende ohne großes Blutvergießen. Ein verantwortlicher Angehöriger der Nationalen Volksarmee sagte hinterher: Mit allem hatten wir gerechnet, nur nicht mit Gebeten und Kerzen. Hier hatten sich Gebete und Kerzen gegen Schutzhelme, Schutzuniformen und Schlagstöcke durchgesetzt und zum politischen Umbruch geführt.

Gleichzeitig aber wurde auch ein Luther-Lied gesungen: „Ein feste Burg ist unser Gott – ein gute Wehr und Waffen. Er hilft uns frei aus aller Not, die uns jetzt hat betroffen.“ Schutzanzüge und Waffen werden Gott anvertraut. Und dies vor dem Hintergrund der Erfahrung: „Der altböse Feind, mit Ernst er’s jetzt meint; groß‘ Macht und viel List sein grausam Rüstung ist; auf Erd ist nicht seinsgleichen.“

Wende: In dieser Erinnerung an Volksschuld und Befreiung läuft der 9. November dem Volkstrauertag fast den Rang ab. In diesem Jahr insbesondere, da der 9. November auf einen Sonntag fällt. Und doch finde ich es gut, dass der Volkstrauertag noch einmal eigene Akzente setzen kann. Volkstrauertag – nicht nur Erinnerung daran, was Deutsche anderen angetan haben, sondern Erinnerung an eigenes Leid, an gefallene Väter und Brüder, an Bombenopfer, an den Verlust der Heimat. Erinnerung nicht zuletzt auch an Bundeswehrsoldaten, die bei ihren weltweiten Einsätzen ihr Leben ließen. Wiedergewonnene Einheit in einer Europäischen Gemeinschaft hat neue Pflichten zur Folge.

4.

Mich lässt das Bild von dem Panzer des Glaubens und der Liebe und dem Helm der Hoffnung auf Heil nicht los. Ich muss denken an Folgendes: Vor Jahren fragte unser Sohn meinen Vater: Opa, hast Du Angst vor dem Tod? Er antwortete: „Nein.“ Es klang etwas Zuversichtliches aus diesem „Nein.“ heraus. Als wenn nicht ihm etwas anhaben könnte. Sein letztes Wort an mich war: „Es ist alles gut.“ Ausdruck einer letzten Zufriedenheit.

Panzer des Glaubens und der Liebe, Helm der Hoffnung auf Heil. Wie wir unserem Tod auch immer entgegengehen und ihm entgegensehen: Es bleibt da etwas Beständiges. Mit dem Tod ist nicht alles aus, sondern jenseits der Grenze unseres Todes bleiben da Glaube, Liebe und Hoffnung. Und zwar nicht nur unser Glaube, unsere Liebe und unsere Hoffnung, sondern der Glaube, der von Gott ermöglicht wird, die Liebe, die hervorgerufen wird durch Gottes Liebe zu uns: „Also hat Gott die Welt geliebt, dass er seinen eigengeborenen Sohn gab, auf dass alle, die an ihn glauben, nicht verloren werden, sondern das ewige Leben haben.“ Die Hoffnung, die erwacht im Blick auf Gott.

5.

Dieser Glaube, diese Liebe, diese Hoffnung stellen die Verbindung dar zwischen diesem und jenem Leben. Indem wir hier schon diesen Glauben, diese Liebe und diese Hoffnung leben, können wir auch für andere zum Licht werden. Kerzen und Gebete können Furcht und Zweifel überwinden. Amen.

Printed by Books on Demand GmbH, Norderstedt / Germany